œuvres & thèmes

Classiques Hatier

Collection dirigée
par Françoise Rachmuhl, Hélène Potelet et Georges Décote

Poèmes

(3e)

GROUPEMENTS DE TEXTES

L'amour et ses visages
La fuite du temps
La guerre
La société des hommes

UN GENRE

La poésie

Marie-Françoise Laporte Bénichou
agrégée de Lettres modernes

ISBN 2-218-**75062-7**
ISSN 0184 0851

HATIER

Sommaire

PREMIÈRE PARTIE

L'amour et ses visages

DEUXIÈME PARTIE

La fuite du temps

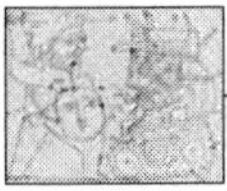

TROISIÈME PARTIE

La guerre

QUATRIÈME PARTIE

La société des hommes

La poésie

« Jusqu'à lui le vent dans les feuillages était sans voix, la mer lissait ses vagues dans le plus grand silence, la pluie tombait sans murmure sur les toits et on parlait beaucoup du mutisme des torrents et des cascades. La nature attendait son premier poète. »

Jules SUPERVIELLE

Et il vint, le premier poète, fils de Calliope et d'un fleuve. Il tenait dans sa main une lyre et se nommait Orphée. Lorsqu'il composait ses vers, les animaux sauvages, les arbres venaient l'écouter, jusqu'aux montagnes, dit-on, qui s'arrachaient de la terre, tant le charme de sa poésie était puissant. Le verbe du porteur de lyre était magie autant que poésie, il mettait en mouvement la nature et l'Univers entier.

Tout poète est un avatar d'Orphée, il chante et enchante aux confins du familier et du mystère, car le langage poétique a hérité du charme orphique. Ce mystère tient au fait que, en poésie, la langue n'est plus seulement un outil de communication, elle est matière artistique et matière en mouvement : à travers des rythmes, des sonorités, la fulgurance des images et des jeux polysémiques, la langue poétique crée du beau, et, en quête de perfection, cherche à « donner un sens plus pur aux mots de la tribu », selon l'expression de Stéphane Mallarmé, poète du XIXe siècle.

Mais la poésie est aussi le lieu où se dit l'humaine vérité, que celle-ci soit passion, douleur ou révolte. Le poète peut exprimer ses sentiments personnels : il chante les accents douloureux ou joyeux, nostalgiques ou passionnés de ses errances affectives, de ses doutes, de ses amours et de ses bonheurs. Cette écriture personnelle, parfois narcissique, prend le nom de lyrisme. Conscient qu'il a un rôle à jouer dans la société, le poète peut aussi choisir de mettre son écriture au service d'une cause, se faisant l'écho des doléances ou des revendications sociales et politiques de ses semblables. Le poète, témoin et citoyen à la fois, dénonce les abus, les exactions ou milite pour un monde meilleur : il s'engage et prend position par son écriture. On parle alors de poésie engagée.

C'est dans cette double perspective que nous vous proposons de découvrir certains territoires de la poésie, à travers quatre groupements thématiques.

L'amour et ses visages

Le recueil s'ouvre sur la grande affaire de l'homme, celle qui habite ses rêves, celle qui donne un sens à sa vie et au monde, celle qui le submerge de désirs et d'extases, celle, enfin, qui le crucifie lorsqu'elle déserte sa vie.

La fuite du temps

Si la vie ne peut se concevoir sans amour, elle est indéfectiblement liée au temps. Nous suivrons les efforts des poètes pour apprivoiser son onde fuyante et mortifère.

La guerre

Parmi les épreuves qu'il est donné à l'homme de traverser, depuis toujours, il y a la guerre avec son cortège de larmes, d'angoisses, de refus mais aussi de courage, d'amitié et d'espoir.

La société des hommes

Enfin, puisque la poésie est partage, nous aborderons, à travers des réquisitoires pour une société meilleure, certains aspects de cette société des hommes : les comportements humains, la misère, le monde du travail et la justice.

PREMIÈRE PARTIE

L'amour et ses visages

« Tu es venue le feu s'est alors ranimé... » Paul Éluard

Marc Chagall (1887-1985), *La Promenade*, 1917, huile sur toile.

Mon rêve familier

Je fais souvent ce rêve étrange et pénétrant
D'une femme inconnue, et que j'aime, et qui m'aime,
Et qui n'est, chaque fois, ni tout à fait la même
Ni tout à fait une autre, et m'aime et me comprend.

Car elle me comprend, et mon cœur, transparent
Pour elle seule, hélas ! cesse d'être un problème
Pour elle seule, et les moiteurs de mon front blême,
Elle seule les sait rafraîchir, en pleurant.

Est-elle brune, blonde ou rousse ? – Je l'ignore.
Son nom ? Je me souviens qu'il est doux et sonore
Comme ceux des aimés que la Vie exila.

Son regard est pareil au regard des statues,
Et, pour sa voix lointaine, et calme, et grave, elle a
L'inflexion des voix chères qui se sont tues.

Paul Verlaine, *Poèmes saturniens* (1866).

Angelo di Cosimo Bronzino (1503-1572), *Tête de femme inclinée*, pierre noire.

PAUL VERLAINE (1844-1896)
Appelé « poète maudit », en raison de sa vie privée chaotique faite de ruptures et de drames, Paul Verlaine inscrit sa poésie sous le signe maléfique de Saturne, dévoilant sa sensibilité inquiète et mélancolique.

Repérer et comprendre

La mise en espace

1. Quelles remarques faites-vous sur la forme poétique utilisée, sur le mètre et sur la disposition des rimes ?

La situation d'énonciation

2. Qui désignent les pronoms « je » et « elle » ?

Le langage poétique

3. a. « Une femme inconnue » (v. 2) : relevez les termes qui caractérisent le physique de cette femme. Le portrait est-il précis ?
b. Analysez dans les deux dernières strophes les comparaisons qui contribuent à la caractériser. Quelle impression se dégage du portrait ?
4. « Et que j'aime, et qui m'aime » (v. 2) : par quels procédés syntaxiques, rythmiques, stylistiques, la réciprocité de l'amour est-elle soulignée ?
5. a. Quel est le rôle de la femme auprès du poète ?
b. Quel est l'état d'âme du poète ? Apporte-t-il à la femme autant qu'il reçoit d'elle ? Citez précisément le texte.
6. a. Quels sont les différents sens du mot « rêve » ? Peut-on dire que ce mot revêt plusieurs sens dans le poème ?
b. En quoi la femme apparaît-elle à la fois sous le signe du rêve, de la réalité et du souvenir ? Justifiez votre réponse en vous appuyant sur le lexique, sur les temps des verbes, sur la syntaxe de la première strophe en particulier.
7. *Les sonorités.*

> Les *sonorités* constituent un élément essentiel du langage poétique. Les répétitions de sonorités produisent des effets de sens en créant des associations entre le sens des mots et leur forme sonore.
> On analyse les effets produits par les *assonances* (retour d'un même son vocalique) et par les *allitérations* (retour d'un même son consonantique).
> *Exemple :* « Je fais souvent ce rêve étrange et pénétrant. »

Relevez d'autres exemples d'assonances et d'allitérations.

8. *Un effet de rythme : l'enjambement.*

On appelle *enjambement* le fait de poursuivre sur le vers suivant (ou sur la strophe suivante) un groupe syntaxique commencé sur le vers précédent (ou la strophe précédente). L'enjambement produit un effet : il permet d'allonger le vers ou de mettre en valeur un mot.

Relevez les enjambements et les conjonctions de coordination. Quel est l'effet produit sur le rythme ?

La tonalité

La *tonalité* d'un texte dépend des émotions qu'il suscite. Elle se définit à partir du thème traité, des champs lexicaux, des procédés stylistiques. On distingue par exemple la tonalité pathétique (évocation d'une souffrance insupportable), la tonalité lyrique (expression des sentiments personnels), les tonalités mélancolique, comique, ironique…

9. Quelle est la tonalité d'ensemble du poème ? En quoi les répétitions de mots, le retour des sonorités contribuent-ils à donner au poème sa tonalité ? Appuyez-vous sur vos réponses précédentes.

Écrire

10. Écrivez un texte en prose commençant par : « Je fais souvent ce rêve étrange et pénétrant… » Développez votre rêve, analysez les sentiments qu'il éveille en vous.

« J'AI TANT RÊVÉ DE TOI... »

J'ai tant rêvé de toi que tu perds ta réalité.

Est-il encore temps d'atteindre ce corps vivant et de baiser sur cette bouche la naissance de la voix qui m'est chère ?

J'ai tant rêvé de toi que mes bras habitués, en étreignant ton ombre, à se croiser sur ma poitrine ne se plieraient pas au contour de ton corps, peut-être.

Et que, devant l'apparence réelle de ce qui me hante et me gouverne depuis des jours et des années, je deviendrais une ombre sans doute.

Ô balances sentimentales.

J'ai tant rêvé de toi qu'il n'est plus temps sans doute que je m'éveille. Je dors debout, le corps exposé à toutes les apparences de la vie et de l'amour et toi, la seule qui compte aujourd'hui pour moi, je pourrais moins toucher ton front et tes lèvres que les premières lèvres et le premier front venus.

J'ai tant rêvé de toi, tant marché, parlé, couché avec ton fantôme qu'il ne me reste plus peut-être, et pourtant, qu'à être fantôme parmi les fantômes et plus ombre cent fois que l'ombre qui se promène et se promènera allégrement sur le cadran solaire de ta vie.

Robert DESNOS, *Corps et Biens* (1930), éd. Gallimard.

ROBERT DESNOS (1900-1945)
Robert Desnos est un poète du groupe surréaliste (voir « Se documenter », p. 17). Il entre dans la Résistance durant la Seconde Guerre mondiale. Déporté à Buchenwald, il meurt à la libération des camps.

Repérer et comprendre

La mise en espace

1. Quelle remarque faites-vous sur la mise en espace de ce poème? Comporte-t-il des vers?

Le langage poétique

2. *Une forme poétique : le poème en prose.*

> Le *poème en prose* apparaît dès le XIXe siècle. Il se présente sous la forme d'un texte sans vers et sans strophes. Cependant, rythme et sonorités le rattachent à la poésie. Le rythme repose essentiellement sur les répétitions de mots ou de sonorités, sur le retour régulier de syllabes accentuées, sur la longueur des phrases.

Repérez à la première lecture quelques effets de rythme et de sonorités.
Pour répondre :
a. Relevez les phrases courtes, les phrases longues. **b.** Relevez *l'anaphore* et analysez la structure syntaxique qui rythme le poème.

> On appelle *anaphore* la répétition d'un même mot ou d'une même construction en début de vers, de phrases ou de membres de phrases.

c. Relevez les répétitions de mots et de sonorités (l. 16-19).
3. Quels peuvent être les deux sens du verbe « rêver » ? Relevez les mots appartenant au champ lexical du rêve. Mettez-les en relation avec les termes qui évoquent le corps de la femme. Quel est l'effet produit?
4. Quel est le type de phrase dans les lignes 2 à 3? À quel mode sont les verbes « plieraient » (l. 5), « je deviendrais » (l. 8), « je pourrais » (l. 13-14)? Quelle est la valeur de ce mode? Relevez les adverbes qui rythment le texte. En quoi sont-ils en relation avec le mode défini à la question précédente?
5. Définissez l'état d'âme du poète (voir questions 3 et 4).
6. Quelle progression y a-t-il entre le début et la fin du poème? Sur quelle opposition le dernier paragraphe est-il construit? Citez le texte.
7. Quelle est la tonalité de ce poème?

Le jardin

Des milliers et des milliers d'années
Ne sauraient suffire
Pour dire
La petite seconde d'éternité
Où tu m'as embrassé
Où je t'ai embrassée
Un matin dans la lumière de l'hiver
Au parc Montsouris à Paris
À Paris
Sur la terre
La terre qui est un astre.

Jacques Prévert, *Paroles* (1945), éd. Gallimard.

JACQUES PRÉVERT (1900-1977)
Parolier et scénariste, Jacques Prévert est le poète du quotidien. Il chante l'enfance, l'amour et les hommes.

Repérer et comprendre

1. Définissez la situation d'énonciation.
2. Quelle place occupent les vers 5 et 6 dans le poème ? Quel est leur mètre ? Quelle remarque faites-vous sur leur construction ? Quel est l'effet produit ?
3. a. Relevez les indications spatiales et temporelles.
b. Relevez la gradation spatiale dans les vers 8 à 11.

> La *gradation* est une figure de style qui consiste à juxtaposer une série de termes ordonnés selon une progression ascendante (du plus faible au plus fort) ou descendante (du plus fort au plus faible).

c. Quel est l'effet produit par le rapprochement « terre », « astre » ?
d. Quel rapport le poète établit-il entre l'amour, l'espace et le temps ? Appuyez-vous sur vos réponses précédentes.
4. Donnez un autre titre au poème.

Théophile Alexandre Steinlen (1859-1923), *Le Baiser*, peinture.

Lire l'image

5. Que représente ce tableau ? Qu'observez-vous au premier plan ? Que voyez-vous en arrière-plan ? Quels sont les éléments qui se trouvent dans la lumière ?

6. Caractérisez les formes représentées. Quel est l'effet produit ?

« Tu es venue... »

[...] Tu es venue le feu s'est alors ranimé
L'ombre a cédé le froid d'en bas s'est étoilé
Et la terre s'est recouverte
De ta chair claire et je me suis senti léger
Tu es venue la solitude était vaincue
J'avais un guide sur la terre je savais
Me diriger je me savais démesuré
J'avançais je gagnais de l'espace et du temps

J'allais vers toi j'allais sans fin vers la lumière
La vie avait un corps l'espoir tendait sa voile
Le sommeil ruisselait de rêves et la nuit
Promettait à l'aurore des regards confiants
Les rayons de tes bras entr'ouvraient le brouillard
Ta bouche était mouillée des premières rosées
Le repos ébloui remplaçait la fatigue
Et j'adorais l'amour comme à mes premiers jours. [...]

Paul Éluard, extrait du poème « La mort l'amour la vie »,
Le Phénix (1951), éd. Seghers.

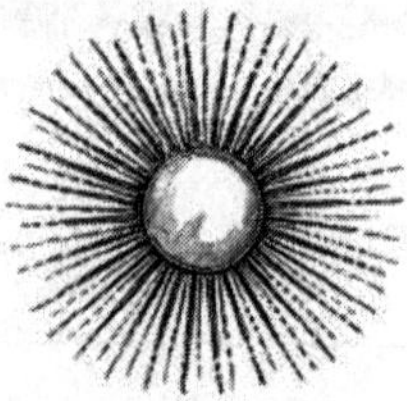

PAUL ÉLUARD (1895-1952)
Paul Éluard, l'un des créateurs du surréalisme, rompt avec le mouvement en 1938. Pendant la Résistance, sa poésie est marquée par son engagement politique. Plongé dans le désespoir par la mort subite, en 1946, de Nush, sa seconde épouse, Éluard renaît à la vie lorsqu'il rencontre Dominique, sa dernière compagne qu'il épouse en 1951.

Repérer et comprendre

La mise en espace

1. Quelles remarques faites-vous sur les mètres utilisés ainsi que sur la ponctuation ?

Le langage poétique

2. a. Relevez les champs lexicaux qui sont associés à la femme. À quels champs lexicaux s'opposent-ils ?
b. Nommez et analysez la figure de style utilisée au vers 13.
c. Relevez les verbes ayant pour sujet « je » à partir du vers 6.
d. Analysez quelques effets de rythme (par exemple, aux vers 8, 9, 15) et de sonorités (par exemple, au vers 4).
e. Relevez les mots ou expressions exprimant une renaissance. Qu'en déduisez-vous sur le rôle de la femme aimée ?

La visée

Un poème, comme tout autre énoncé, exprime un message : il a une *visée*. La visée peut être d'émouvoir, de dénoncer, de célébrer, d'exprimer un sentiment, une conviction…

3. Quelles peuvent être les différentes visées de ce poème ?

Se documenter

Le surréalisme

En 1924, se constitue, autour des poètes André Breton, Philippe Soupault, un mouvement poétique qui s'étendra à tous les arts. Son ambition est de libérer l'artiste des contraintes imposées par le goût et la raison. La poésie sera désormais une plongée dans l'inconscient dont elle transcrira les messages les plus insolites et les plus imagés. Les surréalistes exaltent l'amour fou, qui leur permet d'accéder à une réalité plus profonde, source de création poétique.

Hélène

Je t'attendrai Hélène
À travers les prairies
À travers les matins de gel et de lumière
Sous la peau des vergers
Dans la cage de pierre
Où ton épaule fait son nid

Tu es de tous les jours
L'inquiète la dormante.
Sur mes yeux
Tes deux mains sont des barques errantes
À ce front transparent
On reconnaît l'été
Et lorsqu'il me suffit de savoir ton passé
Les herbes les gibiers les fleuves me répondent

Sans t'avoir jamais vue
Je t'appelais déjà
Chaque feuille en tombant
Me rappelait ton pas
La vague qui s'ouvrait
Recréait ton visage
Et tu étais l'auberge
Aux portes des villages.

René-Guy Cadou, *Hélène ou le Règne végétal*
(1952-1953), éd. Seghers.

RENÉ-GUY CADOU (1920-1951)
Né dans un petit village de Loire-Atlantique, René-Guy Cadou est très attaché à sa terre natale. Il devient instituteur et rencontre en 1943 Hélène, son inspiratrice, qu'il épousera.

Repérer et comprendre

La situation d'énonciation

1. Qui est désigné par le pronom « je » ? Qui est désigné par le pronom « tu » ?

Le langage poétique

2. Quels sont les temps employés dans chacune des strophes ? Qu'en déduisez-vous quant à la présence de l'être aimé dans la vie du poète ?
3. Analysez la progression de la première strophe : pour vous aider, étudiez les métaphores des vers 5 et 6. Quels termes se réfèrent à l'univers des oiseaux ? Quels termes se réfèrent à l'univers des hommes ?
4. a. Relevez dans chaque strophe le champ lexical de la nature. Quels sont les liens qui existent entre la femme aimée et la nature dans ce poème ? **b.** Relevez les termes qui évoquent le corps d'Hélène. En quoi sont-ils symboliques ?
5. En quoi le vers 6 annonce-t-il les deux derniers vers ? Quel est le rôle d'Hélène auprès du poète ?

La visée

6. Quelle est la visée de ce poème ?

« Je vis, je meurs... »

Je vis, je meurs ; je me brûle et me noie.
J'ai chaud extrême en endurant froidure ;
La vie m'est et trop molle et trop dure.
J'ai grands ennuis entremêlés de joie.

Tout à un coup je ris et je larmoie,
Et en plaisir maint grief[1] tourment j'endure ;
Mon bien s'en va, et à jamais il dure ;
Tout en un coup, je sèche et je verdoie.

Ainsi Amour inconstamment me mène.
Et quand je pense avoir plus de douleur,
Sans y penser je me trouve hors de peine.

Puis quand je crois ma joie être certaine,
Et être au haut de mon désiré heur[2],
Il me remet en mon premier malheur.

Louise Labé, *Élégies et Sonnets*, VII (1555),
orthographe modernisée.

---

1. Grave, pénible. **2.** Bonheur.

Giacomo Jaquerio (connu de 1401 à 1453), *La Fontaine de vie* (détail), 1418-1430, fresque.

LOUISE LABÉ (1524-1566)
Née dans une famille de riches cordiers lyonnais – d'où son surnom, « La belle cordière » –, Louise Labé reçoit une éducation raffinée. Son salon est le lieu de rencontre des lettrés lyonnais. Sa poésie chante l'amour et ses émois.

Repérer et comprendre

Une forme fixe : le sonnet

Le *sonnet* (en italien, *sonetto* qui signifie « petite chanson ») est un poème de quatorze vers importé d'Italie au XVIe siècle. En décasyllabes ou en alexandrins, le sonnet comporte deux *quatrains* et deux *tercets.*

1. a. En étudiant le nombre de strophes, le nombre de vers par strophes, le mètre, la disposition des rimes, retrouvez toutes les caractéristiques du sonnet.
b. Sur combien de rimes ce sonnet est-il construit ?

La situation d'énonciation

2. *La poésie lyrique.*

Sous le patronage de la muse Polymnie, la *poésie lyrique* apparaît dès l'Antiquité et désigne la poésie que l'aède déclame aux accents de sa lyre. Elle s'oppose à la poésie épique (qui raconte les exploits des héros) et à la poésie dramatique (qui met en scène des personnages).
Aujourd'hui, on appelle *poésie lyrique* la poésie dans laquelle s'expriment les émotions et sentiments personnels du poète qui exalte sa sensibilité. Les grands thèmes lyriques sont l'amour, la mort, la fuite du temps…

Qui désigne le pronom « je » ? Combien de fois apparaît-il ? Qui désigne le pronom « il » (v. 14) ? L'être aimé est-il nommé ?

Le langage poétique

3. Quels sont les pouvoirs et les effets de l'amour ? Pour répondre :
a. Analysez une figure de style : l'*antithèse.*

L'*antithèse* associe deux termes qui désignent des réalités que l'on considère opposées (la vie, la mort, l'ombre, la lumière…).

Relevez les antithèses qui structurent le poème et classez-les selon les champs lexicaux auxquels elles appartiennent.
b. Analysez la métaphore « je sèche et je verdoie » (v. 8).
c. Relevez les indications temporelles dans les vers 5 à 14.

d. À quel champ lexical appartiennent les mots « extrême », « trop
« grands », « maint » ?
e. Analysez quelques jeux de sonorités (par exemple, aux vers 4, 6, 9) ainsi que le rythme du premier quatrain.

Jean-Joseph M. Carriès (1855-1894),
***Buste de Louise Labé*, 1887, céramique en grès.**

Femme noire

femme noire
ouleur qui est vie, de ta forme qui est beauté !
J'ai grandi à ton ombre ; la douceur de tes mains bandait
mes yeux.
Et voilà qu'au cœur de l'Été et de Midi, je te découvre,
Terre promise, du haut d'un haut col calciné
Et ta beauté me foudroie en plein cœur, comme l'éclair
d'un aigle.

Femme nue, femme obscure
Fruit mûr à la chair ferme, sombres extases du vin noir,
bouche qui fais lyrique ma bouche
Savane aux horizons purs, savane qui frémis aux caresses
ferventes du Vent d'Est
Tamtam sculpté, tamtam tendu qui grondes sous les doigts
du vainqueur
Ta voix grave de contralto est le chant spirituel de l'Aimée.

Femme nue, femme obscure
Huile que ne ride nul souffle, huile calme aux flancs de
l'athlète, aux flancs des princes du Mali
Gazelle aux attaches célestes, les perles sont étoiles sur
la nuit de ta peau
Délices des jeux de l'esprit, les reflets de l'or rouge sur ta
peau qui se moire
À l'ombre de ta chevelure, s'éclaire mon angoisse aux
soleils prochains de tes yeux.

Femme nue, femme noire
Je chante ta beauté qui passe, forme que je fixe dans l'Éternel
Avant que le Destin jaloux ne te réduise en cendres pour
nourrir les racines de la vie.

Léopold Sédar Senghor, *Chants d'ombre* (1945), éd. du Seuil.

LÉOPOLD SÉDAR SENGHOR (né en 1906)

Né au Sénégal, Léopold Sédar Senghor fut, avec Aimé Césaire, le grand théoricien de la Négritude (voir « Se documenter », p. 120). Président de la république de son pays de 1960 à 1981, ce poète exalte dans son œuvre sa terre africaine.

Repérer et comprendre

Le verset

Les *versets* désignent à l'origine les petits paragraphes qui divisent un texte sacré comme la Bible. Utilisés par certains poètes, les versets se présentent sous forme de séquences (phrase ou membres de phrases) plus ou moins longues, marquées par un retour à la ligne et par un rythme qui se veut en accord avec le rythme respiratoire.

Senghor, en optant pour le verset, entendait demeurer en accord avec le rythme naturel des chants et de la nature africains.

1. a. Retrouvez dans ce poème les caractéristiques du verset.

b. Analysez quelques effets de rythme. Pour répondre, appuyez-vous notamment sur l'alternance des séquences longues et brèves. Quel est l'effet produit par l'anaphore qui rythme le poème ?

c. Analysez les allitérations et les assonances de l'expression « Femme nue, femme noire ».

Le langage poétique

2. Quels sens peut-on donner à l'adjectif « obscure » dans l'expression « Femme obscure » ?

3. Relevez les mots qui appartiennent au champ lexical des sensations visuelles, auditives, tactiles.

4. *Analyser une métaphore.*

Relevez et analysez les métaphores présentes dans la deuxième et dans la troisième strophe.

5. Quelle image de la femme se dégage du poème ? Appuyez-vous sur les questions 2, 3, 4. Quelle est la visée de ce poème ?

Un hémisphère dans une chevelure

Laisse-moi respirer longtemps, longtemps, l'odeur de tes cheveux, y plonger tout mon visage, comme un homme altéré dans l'eau d'une source, et les agiter avec ma main comme un mouchoir odorant, pour secouer des souvenirs dans l'air.

Si tu pouvais savoir tout ce que je vois ! tout ce que je sens ! tout ce que j'entends dans tes cheveux ! Mon âme voyage sur le parfum comme l'âme des autres hommes sur la musique.

Tes cheveux contiennent tout un rêve, plein de voilures et de mâtures[1] ; ils contiennent de grandes mers dont les moussons me portent vers de charmants climats, où l'espace est plus bleu et plus profond, où l'atmosphère est parfumée par les fruits, par les feuilles et par la peau humaine.

Dans l'océan de ta chevelure, j'entrevois un port fourmillant de chants mélancoliques, d'hommes vigoureux de toutes nations et de navires de toutes formes découpant leurs architectures fines et compliquées sur un ciel immense où se prélasse l'éternelle chaleur.

Dans les caresses de ta chevelure, je retrouve les langueurs des longues heures passées sur un divan, dans la chambre d'un beau navire, bercées par le roulis imperceptible du port, entre les pots de fleurs et les gargoulettes rafraîchissantes.

Dans l'ardent foyer de ta chevelure, je respire l'odeur du tabac mêlé à l'opium et au sucre ; dans la nuit de ta chevelure, je vois resplendir l'infini de l'azur tropical ; sur les rivages duvetés de ta chevelure, je m'enivre des odeurs combinées du goudron, du musc et de l'huile de coco.

Laisse-moi mordre longtemps tes tresses lourdes et noires. Quand je mordille tes cheveux élastiques et rebelles, il me semble que je mange des souvenirs.

Charles Baudelaire, *Le Spleen de Paris*, XVII (1869).

1. Ensemble des mâts d'un navire.

Lucien Lévy-Dhurmer (1865-1953), *Ève*, 1896, pastel.

Lire l'image

1. Quels sont les éléments qui composent ce tableau ? Quelle est la particularité de cette composition ?
2. Caractérisez par un (ou plusieurs) adjectif(s) qualificatif(s) le mouvement des bras et des mains.
3. Quels liens pouvez-vous établir entre ce tableau et le poème de Charles Baudelaire ?

CHARLES BAUDELAIRE (1821-1867)
Baudelaire mène une existence tourmentée, oscillant entre le spleen (noire mélancolie) et l'idéal (monde inaccessible où règnent la beauté et l'harmonie). Il vit avec Jeanne Duval, jeune femme mulâtresse, une passion déchirante.

Repérer et comprendre

La mise en espace

1. Quelles remarques faites-vous sur la mise en espace ? De quel type de poème s'agit-il ?

La situation d'énonciation

2. Qui désignent les pronoms « je » et « tu » ?

Le langage poétique

3. a. Quelles sont les deux anaphores qui structurent le poème ?
b. Relevez quelques répétitions de mots, quelques retours de sonorités. Quel est l'effet produit ?
4. *Les correspondances.*

> « Les parfums, les couleurs et les sons se répondent », écrit Charles Baudelaire dans le sonnet intitulé *Correspondances*. Il établit des correspondances entre les diverses sensations : une odeur peut évoquer une musique, une couleur, une sensation tactile (fraîcheur…) mais aussi entre le monde visible et le monde invisible.

a. Relevez les champs lexicaux des sensations et classez-les. **b.** Relevez quelques exemples de correspondances entre les diverses sensations.
c. Analysez la *métaphore filée* : « Dans l'océan de ta chevelure [...] chaleur » (l. 13-16).

> Une *métaphore filée* est une métaphore qui se développe sur une ou plusieurs phrases.

La visée

5. Quel sens donnez-vous au titre du poème ? Quelle est la visée de ce poème ?

Écrire

6. En utilisant le procédé des correspondances, écrivez deux paragraphes où vous évoquerez un parfum ou une odeur que vous aimez.

Ma mort vivante

Dans mon chagrin rien n'est en mouvement
J'attends personne ne viendra
Ni de jour ni de nuit
Ni jamais plus de ce qui fut moi-même

Mes yeux se sont séparés de tes yeux
Ils perdent leur confiance ils perdent leur lumière
Ma bouche s'est séparée de ta bouche
Ma bouche s'est séparée du plaisir
Et du sens de l'amour et du sens de la vie
Mes mains se sont séparées de tes mains
Mes mains laissent tout échapper
Mes pieds se sont séparés de tes pieds
Ils n'avanceront plus il n'y a plus de routes
Ils ne connaîtront plus mon poids ni le repos

Il m'est donné de voir ma vie finir
Avec la tienne
Ma vie en ton pouvoir
Que j'ai crue infinie

Et l'avenir mon seul espoir c'est mon tombeau
Pareil au tien cerné d'un monde indifférent

J'étais si près de toi que j'ai froid près des autres.

Paul Éluard, *Le Temps déborde* (1947), éd. Seghers.

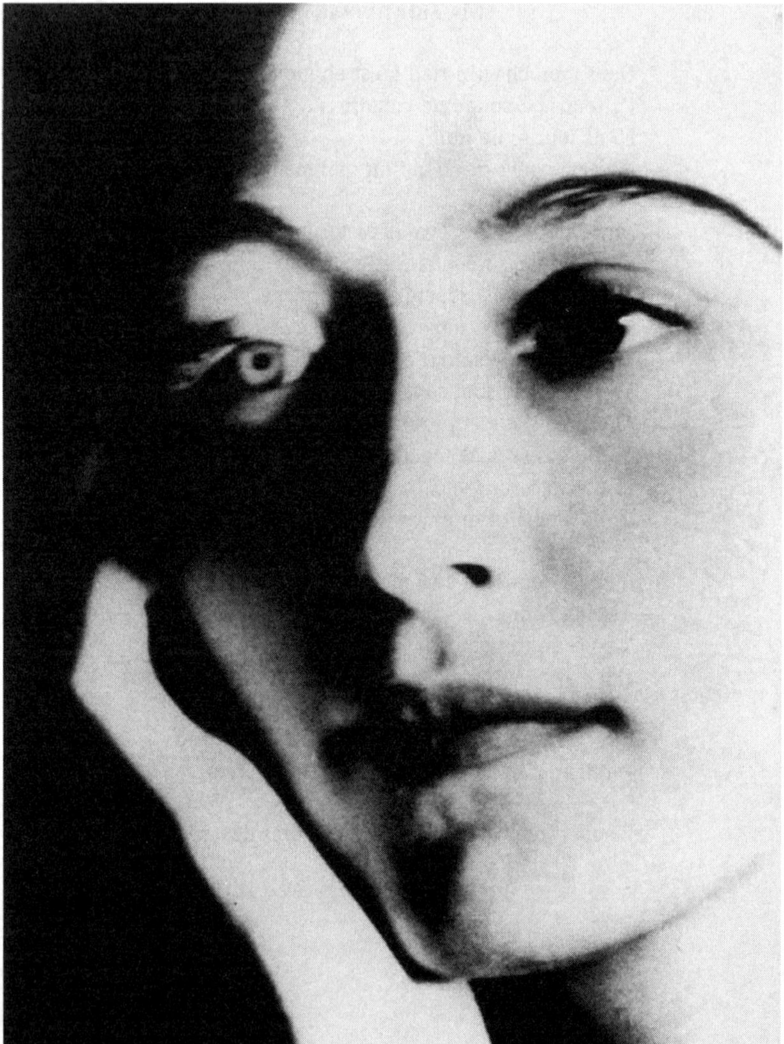

Nusch Éluard, photographiée par Man Ray en 1937.

Repérer et comprendre

La mise en espace

1. Combien de strophes le poème comporte-t-il ? Sont-elles de longueur égale ?
2. Quels sont les mètres utilisés ? Sont-ils réguliers ?
3. Quelles remarques faites-vous concernant les rimes ?

La situation d'énonciation

4. Qui désignent les pronoms personnels « je » et « tu » ?

Le langage poétique

5. a. Analysez les procédés utilisés pour exprimer la douleur de la séparation : négations, champs lexicaux, répétitions, place de déterminants possessifs de la première et de la deuxième personne...
b. Sur quelles oppositions est construit le poème (lexique, temps verbaux...) ? En quoi le titre illustre-t-il cette opposition ?
6. a. Quels sont les pouvoirs de la femme aimée pour Éluard ? Citez précisément le texte.
b. Quelle qualité de cette femme est implicitement évoquée dans le dernier vers ?

Comparer

7. Comparez ce poème avec celui de la page 16 « Tu es venue... » En quoi s'opposent-ils ? Quels sont les pouvoirs de la femme dans l'un et l'autre poème ?

« Las ! Mort, qui t'a fait si hardie... »

Las[1] ! Mort, qui t'a fait si hardie,
De prendre la noble Princesse
Qui était mon confort[2], ma vie,
Mon bien, mon plaisir, ma richesse !
Puisque tu m'as pris ma maîtresse,
Prends-moi aussi son serviteur,
Car j'aime mieux prochainement
Mourir que languir en tourment,
En peine, souci et douleur !

Las ! de tous bien était garnie
Et en droite fleur de jeunesse !
Je prie à Dieu qu'il te maudie,
Fausse Mort, pleine de rudesse !
Si prise l'eusses en vieillesse,
Ce ne fût pas si grande rigueur ;
Mais prise l'as hâtivement,
Et m'as laissé piteusement
En peine, souci et douleur.

Las ! je suis seul, sans compagnie !
Adieu ma Dame, ma liesse !
Or[3] est notre amour départie[4] ;
Non pourtant[5], je vous fais promesse
Que de prières, à largesse,
Morte vous servirai de cœur,
Sans oublier aucunement ;
Et vous regretterai souvent
En peine, souci et douleur.

1. Hélas. 2. Réconfort. 3. Désormais.

4. Notre amour s'en est allé ; dans le poème, « amour » est féminin.

5. Mais cependant. 6. « Ordonnez tellement » signifie « donnez des ordres tels que... ».

Dieu, sur tout souverain Seigneur,
Ordonnez, par grâce et douceur,
De l'âme d'elle, tellement[6]
Qu'elle ne soit pas longuement
En peine, souci et douleur.

Charles D'ORLÉANS, *Ballades et Rondeaux* (1434),
orthographe modernisée.

Grien Baldung (1484-1545), *Le Cavalier, la Femme, la Mort.*

CHARLES D'ORLÉANS (1394-1465)
Duc et prince, père du futur roi de France Louis XII, Charles d'Orléans est blessé et fait prisonnier à Azincourt en 1415. Il passe vingt-cinq ans en captivité en Angleterre, période au cours de laquelle il perd sa seconde épouse, Bonne d'Armagnac.

Repérer et comprendre

Une forme fixe : la ballade

La *ballade* est un poème d'origine médiévale. Elle est composée de trois strophes de 7 à 10 vers, construites sur trois ou quatre rimes et se terminant le plus souvent par le même vers, le refrain. Une quatrième strophe, de 4 ou 5 vers, forme l'envoi, qui constitue la dédicace de la ballade, en hommage à un grand ou à une grande dame ou même à Dieu. Le mètre utilisé est l'octosyllabe ou le décasyllabe.

1. Retrouvez les éléments caractéristiques de la ballade.
2. a. Relevez l'anaphore qui rythme le poème.
b. Combien y a-t-il de phrases exclamatives ? Quel est l'effet produit ?

La situation d'énonciation

3. a. Qui désigne le pronom « je » ?
b. Qui est désigné par le pronom « tu » dans les deux premières strophes ? Qui désigne le pronom « vous » dans la troisième strophe ? Quel est l'effet produit par l'emploi de ces deux pronoms ?
c. À qui se réfère le déterminant « notre » dans l'expression « notre amour » (v. 21) ? Le pronom « nous » apparaît-il dans le poème ? Quelles remarques vous inspire cette constatation ?
d. À qui le poète s'adresse-t-il dans l'envoi ? Quelle dimension le poème prend-il ?

Le langage poétique

4. a. Relevez dans la première et dans la troisième strophe les termes qui se réfèrent à l'amour courtois (désignation de la femme aimée, attitude de l'amant. Aidez-vous de la rubrique « Se documenter ».
b. Quelles sont, parmi ces expressions, celles qui sont conventionnelles, et celles qui traduisent un sentiment authentique ?

5. a. Par quelle figure de style la mort est-elle évoquée ?
b. Relevez les mots qui la caractérisent et donnez leur sens précis.
c. À partir de quelle strophe la mort s'efface-t-elle ?
6. Relevez les connecteurs logiques dans les deux premières strophes. Analysez la construction du raisonnement. Appuyez-vous sur les modes verbaux.
7. Analysez les sonorités à la rime :
a. Quels mots de rime identique pouvez-vous mettre en relation ?
b. Quel mot apparaît comme l'expression centrale du poème ?
8. a. Quel est le champ lexical présent dans le refrain ?
b. À qui le refrain se réfère-t-il dans les trois premières strophes ? et dans l'envoi ? Y a-t-il progression ?
9. Quelle est la tonalité de cette ballade ? En quoi cette tonalité évolue-t-elle entre le début et la fin du poème ? Appuyez-vous sur toutes vos réponses précédentes.

La visée

10. Quelles différentes demandes ou promesses le poète formule-t-il et à qui ? Appuyez-vous notamment sur les modes et sur les temps verbaux.
11. Quelle est la visée de ce poème ?

Se documenter

La *fin' amor*

En ancien français, la *fin'amor* signifie « amour parfait ». En français moderne, on l'appelle « amour courtois ». L'amour courtois pose comme principe de base que l'amant est le vassal de la dame aimée et qu'il doit la conquérir par des qualités proprement chevaleresques : courage, honneur, générosité, élégance des manières, du vêtement.
La *fin'amor* constitue le noyau d'un ensemble plus vaste : la Courtoisie, qui est d'abord un courant littéraire (avec les romans de Chrétien de Troyes et la poésie des troubadours) et qui deviendra un code social dans la mesure où l'aristocratie féodale va puiser dans ce courant littéraire un ensemble de règles sociales et amoureuses.
12. Quel est le radical de l'adjectif « courtois » ? Citez les mots de la même famille. Mettez vos réponses en relation avec ce que vous savez de l'amour courtois.

Ballade

Seulette suis et seulette vueil[1] être
Seulette m'a mon doux ami laissiée[2] ;
Seulette suis, sans compagnon ni maître[3],
Seulette suis, dolente et courrouciée[4],
Seulette suis, en langueur mésaisiée[5],
Seulette suis, plus que nulle égarée,
Seulette suis, sans ami demourée[6].

Seulette suis à huis[7] ou à fenêtre,
Seulette suis en anglet[8] muciée[9],
Seulette suis pour moi de pleurs repaître[10],
Seulette suis, dolente ou apaisiée[11] ;
Seulette suis, rien n'est qui tant messiée[12] ;
Seulette suis en ma chambre enserrée[13],
Seulette suis, sans ami demourée.

Seulette suis partout et en tout être ;
Seulette suis, ou je voise ou je siée[14] ;
Seulette suis plus qu'autre rien terrestre[15],
Seulette suis, de chacun délaissiée,
Seulette suis, durement abaissiée,
Seulette suis, souvent toute éplourée[16],
Seulette suis, sans ami démourée.

---

1. Je veux.
2. Laissée.
3. Mari.
4. Malheureuse et chagrinée.
5. Être dans la peine.
6. Demeurée.
7. Porte.
8. Petit coin.
9. Cachée, repliée.
10. Me nourrir de pleurs.
11. Apaisée.
12. Rien qui soit plus pénible.
13. Enfermée.
14. Ou que je marche ou que je sois assise.
15. Plus qu'aucune chose sur terre.
16. Éplorée.

Envoi

Prince, or[17] est ma douleur commenciée :
Seulette suis, de tout deuil[18] menacée,
Seulette suis, plus teinte que morée[19]
Seulette suis, sans ami demourée.

Christine de Pisan, *Œuvres poétiques* (XVe siècle).

CHRISTINE DE PISAN (vers 1364-vers 1431)
Fille de l'astrologue de Charles V, Christine de Pisan passe sa jeunesse à la cour du roi. Elle perd son mari alors qu'elle est âgée de vingt-cinq ans et se met à vivre de ses écrits. Elle rédige des poèmes sur commande, cherchant la protection des grands, en même temps qu'elle s'adonne à une poésie personnelle, déplorant la perte de son mari et exprimant sa solitude. Dans ses écrits, elle prend souvent la défense des femmes, et passe, à ce titre, pour l'une des premières « féministes ».

Repérer et comprendre

Une forme fixe : la ballade

1. À partir de la définition de la ballade (voir p. 34), dites en quoi ce poème est une ballade. Quel est le mètre utilisé ?

Le langage poétique

2. Quel pronom personnel sujet n'est pas exprimé dans cette ballade ?

3. Quel est l'état d'âme du poète et quelle en est la cause ? Pour construire votre réponse :

a. Dites quelle figure de style structure le poème.

b. Précisez la nature grammaticale du mot « Seulette » ? Quel en est le suffixe ? Précisez le sens de ce suffixe. Quelle nuance de sens apparaît entre « seul » et « seulette » ?

c. Relevez et analysez les champs lexicaux dominants.

4. En quoi le vers 1 présente-t-il une attitude contradictoire ?

---

17. Maintenant. 18. Douleur. 19. Plus sombre qu'une Maure.

5. a. Relevez les sonorités à la rime. Analysez le rythme du poème (par exemple, indiquez quelle syllabe d'un vers est marquée par une coupe ?).
b. En quoi le rythme et les sonorités contribuent-elles à l'expression de l'état d'âme du poète ?

La tonalité et la visée

6. Quelle est la tonalité du poème ? Appuyez-vous sur les champs lexicaux. Quelles peuvent en être les visées ?

Écrire

7. Choisissez un adjectif qualificatif exprimant un état d'âme ou un sentiment (joie, tristesse, nostalgie, amour, jalousie...). Écrivez une strophe d'une ballade à la manière de Christine de Pisan. Vous utiliserez l'anaphore, vous jouerez sur le rythme et les sonorités, vous choisirez un champ lexical adapté. *Exemple :* « Heureuse je suis... »

Enquêter

8. Faites une recherche sur quelques couples célèbres de la littérature ou de la mythologie : Orphée et Eurydice, Tristan et Yseut, Héloïse et Abélard, Roméo et Juliette, Paul et Virginie.

DEUXIÈME PARTIE

La fuite du temps

« Vienne la nuit sonne l'heure
Les jours s'en vont je demeure... »

Guillaume Apollinaire

René Magritte (1898-1967), *La Belle Lurette*, 1965, peinture.

« Quand vous serez bien vieille... »

Quand vous serez bien vieille, au soir, à la chandelle,
Assise auprès du feu, dévidant et filant,
Direz, chantant mes vers, en vous émerveillant :
« Ronsard me célébrait du temps que j'étais belle ! »

Lors vous n'aurez servante oyant telle nouvelle,
Déjà sous le labeur à demi sommeillant,
Qui au bruit de mon nom ne s'aille réveillant,
Bénissant votre nom de louange immortelle.

Je serai sous la terre ; et fantôme sans os
Par les ombres myrteux[1] je prendrai mon repos ;
Vous serez au foyer une vieille accroupie,

Regrettant mon amour et votre fier dédain.
Vivez, si m'en croyez, n'attendez à demain :
Cueillez dès aujourd'hui les roses de la vie.

Pierre de Ronsard, *Sonnets pour Hélène* (1578).

PIERRE DE RONSARD (1524-1585)
Poète officiel de la cour sous Henri II et Charles IX, Ronsard est aussi et surtout le poète des *Amours*, recueils de sonnets composés en l'honneur des femmes qu'il a aimées : Cassandre Salviati, Marie Dupin et Hélène de Surgères.

1. Du myrte, arbuste consacré par les Anciens à Vénus.

Albrecht Dürer (1471-1528), ***Une jeune fille et une vieille femme de Bergen op Zoom*****, 1520.**

Repérer et comprendre

La mise en espace

1. Identifiez la forme poétique. Vous vous appuierez sur le nombre et la longueur des strophes, le mètre utilisé, les rimes et leur disposition.

La situation d'énonciation

2. a. Qui désigne le pronom « je » au vers 4 et au vers 9 ?

b. Qui est le destinataire de ce poème ? S'agit-il d'une personne jeune ou âgée ?

Le langage poétique

3. Identifiez les temps verbaux utilisés dans les vers 1 à 12. Quel temps et quel mode apparaissent dans les deux derniers vers ? En quoi le jeu sur les temps permet-il de construire le sens du poème ?

4. Quelle image d'elle-même le poète renvoie-t-il à Hélène ? Pour répondre :

a. Relevez les termes qui désignent et qui caractérisent Hélène.

b. Précisez ses occupations.

c. Dites en quoi l'expression « au soir » (v. 1) est symbolique.
d. Analysez le rythme et les sonorités des vers 2, 3, 4. Que contribuent-ils à exprimer ?
5. a. Dans quelle situation le poète se représente-t-il ? Quelle image renvoie-t-il de lui-même ? Quel pouvoir possède-t-il ?
b. Quelles relations existe-t-il entre Hélène et le poète ? Citez précisément le texte. Qui, d'Hélène ou du poète, semble avoir le sort le plus enviable ? Justifiez votre réponse.

La tonalité et la visée
6. Les vers 1 à 12 et 13 à 14 ont-ils la même tonalité ? Justifiez votre réponse. Pour répondre : **a.** Analysez le rythme des deux derniers vers.
b. Analysez la métaphore « les roses de la vie » (v. 14).
7. Quelle est la visée du poème ?

Écrire

8. « Cueillez dès aujourd'hui les roses de la vie » : que signifie cette phrase devenue célèbre ? Que pensez-vous de cette invitation du poète ? Vous ordonnerez votre réflexion en l'illustrant d'exemples tirés de vos lectures ou de votre expérience personnelle.

Se documenter

Ronsard épicurien
Ronsard est l'héritier d'une tradition littéraire que l'on appelle l'Épicurisme, du nom d'Épicure, philosophe grec (341-270 av. J.-C.), son fondateur. Pour les épicuriens, il faut savourer l'instant présent et jouir de tous les plaisirs de la vie. Cette recherche du bonheur terrestre ne conduit pas à la débauche, mais elle consiste à vivre selon la nature et implique la connaissance et la maîtrise de soi.
La doctrine épicurienne est illustrée par la fameuse formule du poète latin Horace : « Carpe diem », qui signifie : « Cueille le jour présent. »
9. Quelle est la strophe du poème qui illustre cette philosophie ?
Citez le vers dans lequel on retrouve, avec une légère variante, la traduction de « Carpe diem »

« Mignonne, allons voir si la rose... »

Mignonne, allons voir si la rose
Qui ce matin avait déclose
Sa robe de pourpre au soleil,
A point perdu cette vesprée[1]
Les plis de sa robe pourprée[2],
Et son teint au vôtre pareil.

Las ! voyez comme en peu d'espace,
Mignonne, elle a dessus la place,
Las ! las ! ses beautés laissé choir !
Ô vraiment marâtre Nature,
Puisqu'une telle fleur ne dure
Que du matin jusques au soir !

Donc, si vous me croyez, mignonne,
Tandis que votre âge fleuronne
En sa plus verte nouveauté,
Cueillez, cueillez votre jeunesse :
Comme à cette fleur la vieillesse
Fera ternir votre beauté.

Pierre de Ronsard, *Quatre Premiers Livres des odes* (1550).

1. Ce soir. **2.** D'une couleur rouge foncé.

Repérer et comprendre

L'ode

L'*ode* est composée d'une série de strophes construites suivant le même schéma métrique. Dans la Grèce antique, l'ode était un poème lyrique destiné à être dit ou chanté avec accompagnement musical.
Elle a commencé par traiter de sujets héroïques (louange des dieux ou des héros), puis elle s'est élargie à d'autres sujets plus légers (amours, plaisirs de la vie, nature...).

1. Retrouvez dans ce poème les caractéristiques de l'ode.

La situation d'énonciation

2. a. Définissez la situation d'énonciation.
b. *Les connotations.*

Les *connotations* sont les différents effets de sens que peut prendre un mot en fonction du contexte, de la subjectivité de l'énonciateur et du destinataire, des données culturelles. *Exemple :* la neige peut connoter le froid, la mort, mais aussi la pureté ou encore les sports d'hiver...

Par quel mot le destinataire est-il désigné ? Que connote-t-il ?

Le langage poétique

3. Quels termes suggèrent la personnification de la rose et préparent la comparaison du vers 6 ? Analysez cette comparaison.
4. a. Relevez les indications temporelles. Quelle est la durée suggérée ?
b. Quel thème apparaît dans la seconde strophe ? Analysez la ponctuation, le lexique, le rythme, les sonorités. Quel est le ton de cette strophe ?
5. a. Quelle est la valeur du connecteur « donc » (v. 13) ?
b. Analysez la métaphore filée qui structure le poème.
c. Dans ce poème, quel est l'effet produit par les deux mots à la rime des vers 16 et 17 ?
6. Quelle est la valeur de l'impératif au vers 16 et du futur du dernier vers ? Quel est l'effet produit par le dernier mot du poème ?

La visée

7. À quelle conception de la vie ce poème se réfère-t-il ? Quelle est la visée de ce poème ?

Écrire

8. *Construire une métaphore filée.*
En utilisant une métaphore filée (florale, minérale, animale...), rédigez quelques lignes ou quelques vers qui célébreront la beauté d'un être, d'un objet, d'un paysage...

Albrecht Dürer (1471-1528),
***Dame en robe à traîne*, dessin.**

Poème 20

La distance qui sépare l'incrédulité de la foi n'est que d'un souffle, celle qui sépare le doute de la certitude n'est également que d'un souffle ; passons donc gaiement cet espace précieux d'un souffle, car notre vie aussi n'est séparée (de la mort) que par l'espace d'un souffle.

Poème 239

Que la crainte des choses futures ne fasse point jaunir tes joues ; que les choses présentes ne te fassent point frémir d'effroi ; jouis, dans ce monde de néant, de la part de plaisir qui te revient, n'attends pas pour cela que les faveurs du ciel te soient retirées.

Omar KHAYAM, extraits des *Rubaiyyat* (XIIe siècle), éd. Minerva.

Al-Qazwini (XIVe siècle), *Personnage lisant*, miniature sur papier.

OMAR KHAYAM (vers 1050 - vers 1123)
Poète persan mystique, philosophe et mathématicien, il a pour nom Omar. Or, selon l'usage oriental, un poète doit se donner un surnom ; aussi a-t-il conservé celui qui indiquait la profession de son père : « khayam », qui signifie « faiseur de tentes ». On désigne par *Rubaiyyat* les mille quatrains qu'il a écrits, où éclate son amour de la vie et où s'exprime une vision fataliste de la destinée humaine.

Repérer et comprendre

Poème 20

1. *Une figure de style : l'analogie.*

L'*analogie* établit un rapport de ressemblance entre des réalités de nature différente. Le raisonnement par analogie consiste à tirer une conclusion de deux ou de plusieurs situations mises en parallèle.

a. Relevez et analysez les analogies : quelles différentes situations sont mises en parallèle ? Quel mot répété fonde l'analogie ? Quelle en est sa connotation ?

b. Quel connecteur introduit le raisonnement par analogie ?

2. *Une figure de style : la périphrase.*

La *périphrase* consiste à remplacer un terme par une expression de même sens.

Quelle périphrase désigne la vie ? Quel est l'effet produit par l'emploi de cette périphrase ?

3. Ce poème est-il plutôt optimiste ou plutôt pessimiste ? Justifiez votre réponse en citant précisément le texte.

Poème 239

4. À qui s'adresse le poète ?

5. a. Relevez les oppositions lexicales.

b. Comment comprenez-vous l'expression « ce monde de néant » ?

c. Quelle vision de la vie se dégage de ce poème ?

6. À quels modes sont les verbes ? À quelles formes ? Quelle est la visée de ce poème ?

Poèmes 20 et 239

7. a. Quelle conception du temps ces deux poèmes présentent-ils ?

b. À quelle philosophie de la vie peut-on rattacher ces Rubaiyyat ?

Le lac

Ainsi, toujours poussés vers de nouveaux rivages,
Dans la nuit éternelle emportés sans retour,
Ne pourrons-nous jamais sur l'océan des âges
Jeter l'ancre un seul jour ?

Ô lac ! l'année à peine a fini sa carrière,
Et près des flots chéris qu'elle devait revoir,
Regarde ! je viens seul m'asseoir sur cette pierre
Où tu la vis s'asseoir !

Tu mugissais ainsi sous ces roches profondes ;
Ainsi tu te brisais sur leurs flancs déchirés ;
Ainsi le vent jetait l'écume de tes ondes
Sur ses pieds adorés.

Un soir, t'en souvient-il ? nous voguions en silence ;
On n'entendait au loin, sur l'onde et sous les cieux,
Que le bruit des rameurs qui frappaient en cadence
Tes flots harmonieux.

Tout à coup des accents inconnus à la terre
Du rivage charmé frappèrent les échos,
Le flot fut attentif, et la voix qui m'est chère
Laissa tomber ces mots :

« Ô Temps, suspends ton vol ! et vous, heures propices,
Suspendez votre cours !
Laissez-nous savourer les rapides délices
Des plus beaux de nos jours !

« Assez de malheureux ici-bas vous implorent :
Coulez, coulez pour eux ;
Prenez avec leurs jours les soins qui les dévorent ;
Oubliez les heureux.

« Mais je demande en vain quelques moments encore,
Le temps m'échappe et fuit ;
Je dis à cette nuit : "Sois plus lente" ; et l'aurore
Va dissiper la nuit.

« Aimons donc, aimons donc ! de l'heure fugitive,
Hâtons-nous, jouissons !
L'homme n'a point de port, le temps n'a point de rive ;
Il coule, et nous passons ! »

Temps jaloux, se peut-il que ces moments d'ivresse,
Où l'amour à longs flots nous verse le bonheur,
S'envolent loin de nous de la même vitesse
Que les jours de malheur ?

Hé quoi ! n'en pourrons-nous fixer au moins la trace ?
Quoi ! passés pour jamais ? quoi ! tout entiers perdus ?
Ce temps qui les donna, ce temps qui les efface,
Ne nous les rendra plus ?

Éternité, néant, passé, sombres abîmes,
Que faites-vous des jours que vous engloutissez ?
Parlez : nous rendrez-vous ces extases sublimes
Que vous nous ravissez ?

Ô lac ! rochers muets ! grottes ! forêt obscure !
Vous que le temps épargne ou qu'il peut rajeunir,
Gardez de cette nuit, gardez, belle nature,
Au moins le souvenir !

Qu'il soit dans ton repos, qu'il soit dans les orages,
Beau lac, et dans l'aspect de tes riants coteaux,
Et dans ces noirs sapins, et dans ces rocs sauvages
Qui pendent sur les eaux !

Qu'il soit dans le zéphyr qui frémit et qui passe,
Dans les bruits de tes bords par tes bords répétés,
Dans l'astre au front d'argent qui blanchit ta surface
De ses molles clartés !

Que le vent qui gémit, le roseau qui soupire,
Que les parfums légers de ton air embaumé,
Que tout ce qu'on entend, l'on voit ou l'on respire,
Tout dise : « Ils ont aimé ! »

Alphonse de LAMARTINE, *Méditations poétiques* (1820).

Deeble, *Le Lac* (XIXe siècle), gravure.

ALPHONSE DE LAMARTINE (1790-1869)
Poète et romancier de la première génération romantique, Lamartine mène parallèlement une carrière politique qui le conduit à participer au gouvernement provisoire en 1848.
Le poème « Le lac » est lié à un épisode précis de la vie de l'auteur : à Aix-les-Bains, en août 1816, Lamartine rencontre Julie Charles avec qui il noue une idylle. L'année suivante, le poète revient seul au bord du lac : Julie Charles, très malade, ne vient pas au rendez-vous. Elle mourra en décembre 1817.

Repérer et comprendre

La mise en espace

1. Combien de strophes ce poème comporte-t-il ?
2. Quels sont les mètres utilisés ? Quelle est la disposition des vers dans les cinq premières strophes ? dans les strophes six à neuf ? dans les dernières strophes ?

La situation d'énonciation

3. a. Qui désignent les pronoms « je » (v. 7) et « nous » (v. 3) ?
b. Qui est désigné par le pronom « elle » (v. 6) ?
c. Qui parle à qui dans les strophes 2, 3, 4 ? 6 à 9 ? 10 ? 12 à la fin ?
d. Qui parle dans le dernier vers du poème ?
4. En quoi le changement de rythme des strophes 6 à 9 correspond-il à un changement d'énonciation ?

Le langage poétique

5. Quelle vision le poète présente-t-il du temps ? Pour répondre :
a. Relevez les mots et expressions qui désignent ou qui caractérisent le pouvoir du temps dans les vers 21 à 48.
b. Identifiez la fonction grammaticale du mot « Temps » dans les vers 21 et 37 ? Quelle est la figure de style utilisée ?
6. Quelle est la condition de l'homme face au temps ? Pour répondre :
a. Analysez la métaphore filée de la première strophe qui se prolonge au vers 35. En quoi cette métaphore est-elle en rapport avec le cadre ?
b. Précisez l'effet produit par les types de phrases des strophes 10 à 12.
c. Analysez la supplication faite au temps (v. 21-36) : mode utilisé, lexique, type de phrases.

7. a. Relevez le champ lexical de la nature à partir du vers 49. Quels différents aspects de la nature sont évoqués ? **b.** Quel est le privilège de la nature par rapport au temps ? Citez un vers précis.
8. Quelles sont les forces qui s'opposent ou qui s'unissent dans ce poème ? Quel est l'effet produit par le dernier vers ?

La tonalité et la visée
9. Quelle est la tonalité du poème ? Quelles peuvent en être les visées ?

Écrire

10. « Ô Temps, suspends ton vol ! » : expliquez cette injonction du poète. Pensez-vous, comme lui, qu'il faudrait pouvoir arrêter le temps ? Ne peut-on parfois trouver le temps trop long et souhaiter qu'il passe plus vite ? Vous ordonnerez votre réflexion et vous l'illustrerez d'exemples tirés de vos lectures ou de votre expérience personnelle.

Se documenter

Le romantisme
Le romantisme est un mouvement littéraire et artistique qui s'est étendu à toute l'Europe à partir de la fin du XVIIIe siècle. Il se caractérise par l'apparition d'une sensibilité nouvelle et de formes littéraires innovantes.
La poésie romantique est caractérisée par : le culte du moi (qui s'épanouit dans la poésie lyrique avec l'expression des émotions et des sentiments) ; le goût de la mélancolie qui peut aller jusqu'au désespoir ; le sentiment de la nature, refuge pour l'individu aux prises avec son mal-être.

Une allée du Luxembourg

Elle a passé, la jeune fille
Vive et preste comme un oiseau :
À la main une fleur qui brille,
À la bouche un refrain nouveau.

C'est peut-être la seule au monde
Dont le cœur au mien répondrait,
Qui venant dans ma nuit profonde
D'un seul regard l'éclaircirait !

Mais non, – ma jeunesse est finie…
Adieu, doux rayon qui m'as lui, –
Parfum, jeune fille, harmonie…
Le bonheur passait, – il a fui !

Gérard de Nerval, *Odelettes rythmiques et lyriques* (1852).

Grandville (1803-1847),
***Étude de femme*, dessin.**

GÉRARD DE NERVAL (1808-1855)

Gérard Labrunie perd sa mère à l'âge de deux ans. Élevé dans le Valois, chez son grand-oncle, il prend le nom de Nerval (un lieu-dit, le Clos-Nerval). Mêlant vie réelle et souvenirs, il est hanté par l'image d'une femme imaginaire et idéale dont il est perpétuellement en quête. D'une sensibilité exacerbée, il est frappé de crises de folie et transpose dans l'écriture son drame intérieur. On le retrouve pendu dans une rue de Paris, une nuit de janvier.

« Une allée du Luxembourg » est une « odelette », mot créé par Ronsard au XVIe siècle : il s'agit d'une petite ode dont le sujet principal est l'amour. L'odelette est composée de petites strophes aux mètres courts.

Repérer et comprendre

1. Définissez la situation d'énonciation.

2. a. Relevez dans la première strophe les mots et expressions qui caractérisent la jeune fille et analysez la comparaison du vers 2. Quelles sont les notations visuelles, auditives, olfactives ?

b. En quoi le rythme de la première strophe s'accorde-t-il au portrait ?

c. Quels éléments du portrait sont repris dans la troisième strophe ?

d. Le portrait est-il mélioratif ? péjoratif ? Que connote-t-il ?

3. En quoi la jeune fille et le poète sont-ils opposés ?

4. Analysez l'évolution de l'état intérieur du poète. Pour répondre :

a. Précisez la valeur du conditionnel dans le deuxième quatrain.

b. Indiquez la valeur du passé composé du premier et du dernier verbe.

c. Relevez les champs lexicaux qui s'opposent dans la troisième strophe.

d. Analysez le rythme et les sonorités des strophes 2 et 3. Prenez en compte la ponctuation dans la troisième strophe.

5. Quel rapport y a-t-il entre le titre et le poème ?

6. Quelle est la tonalité du poème ?

Après trois ans

Ayant poussé la porte étroite qui chancelle,
Je me suis promené dans le petit jardin
Qu'éclairait doucement le soleil du matin,
Pailletant chaque fleur d'une humide étincelle.

Rien n'a changé. J'ai tout revu : l'humble tonnelle
De vigne folle avec les chaises de rotin…
Le jet d'eau fait toujours son murmure argentin
Et le vieux tremble sa plainte sempiternelle.

Les roses comme avant palpitent ; comme avant,
Les grands lys orgueilleux se balancent au vent.
Chaque alouette qui va et vient m'est connue.

Même j'ai retrouvé debout la Velléda,
Dont le plâtre s'écaille au bout de l'avenue,
– Grêle, parmi l'odeur fade du réséda.

Paul VERLAINE, *Poèmes saturniens* (1866).

Repérer et comprendre

La mise en espace

1. Identifiez la forme poétique. Justifiez votre réponse.

Le langage poétique

2. Analysez la caractérisation du décor. Pour répondre :

a. Relevez, dans les vers 1 à 5, trois adjectifs qualificatifs. Quelle image du jardin apparaît dans ces vers ?

b. Relevez le champ lexical des sensations.

c. Quels éléments du décor sont personnifiés ?

3. *Accents et coupes de l'alexandrin : tétramètres et trimètres.*

> L'alexandrin classique comporte une césure (coupe) qui marque un temps fort au milieu du vers et des accents sur certaines syllabes toniques.
> On appelle *tétramètres* les alexandrins qui comportent quatre accents. *Par exemple :* « Les grands lys / orgueilleux // se balancent / au vent » (3/3/3/3, rythme régulier).
> On appelle *trimètres* les alexandrins qui comportent trois accents (rythme ternaire). *Par exemple :* « Rien n'a changé. / J'ai tout revu : / l'humble tonnelle » (4/4/4).

a. Relevez les notations de mouvement. En quoi le rythme contribue-t-il à l'expression du mouvement ? Appuyez-vous sur l'analyse des vers 10 et 11.

b. « Rien n'a changé » (v. 5). Relevez les mots et les expressions qui confirment cette affirmation. Quel est l'effet produit par le rythme et les sonorités dans ce vers ?

4. *L'implicite.*

> On qualifie d'*implicite* tout ce qui n'est pas formellement exprimé dans un énoncé, autrement dit, tout ce qui est sous-entendu, mais qu'on peut néanmoins supposer ou déduire.

a. Qui est la Velléda ? Que symbolise-t-elle ?

b. Que signifient les adjectifs « grêle » et « fade » (v. 14) ? Quel sentiment peuvent-ils suggérer ?

c. Quel est l'effet produit par les sonorités du dernier vers ?

d. En vous appuyant sur vos réponses, dites en quoi il y a évocation implicite d'un changement ? En quoi consiste-t-il ?

La tonalité

5. Quelle est la tonalité de ce poème ? En quoi le titre est-il éclairant ?

Écrire

6. Après quelques années, vous avez retrouvé un lieu, un objet... Écrivez un texte en vers ou en prose dans lequel vous exprimerez vos souvenirs, vos sentiments et vos réflexions sur le temps qui passe.

Hippolyte Maindron (1801-1884),
***Velléda*, 1871, marbre.**

Le temps de vivre

Déjà la vie ardente incline vers le soir.
Respire ta jeunesse.
Le temps est court qui va de la vigne au pressoir,
De l'aube au jour qui baisse ;

Garde ton âme ouverte aux parfums d'alentour,
Aux murmures de l'onde.
Aime l'effort, l'espoir, l'orgueil, aime l'amour.
C'est la chose profonde ;

Combien s'en sont allés de tous les cœurs vivants
Au séjour solitaire
Sans avoir bu le miel ni respiré le vent
Des matins de la terre.

Combien s'en sont allés, qui, ce soir, sont pareils
Aux racines des ronces,
Et qui n'ont pas goûté la vie où le soleil
Se déploie et s'enfonce ;

Ils n'ont pas répandu les essences et l'or
Dont leurs mains étaient pleines.
Les voici maintenant dans cette ombre où l'on dort
Sans rêve et sans haleine ;

Toi, vis, sois innombrable à force de désirs,
De frissons et d'extase,
Penche sur les chemins où l'homme doit servir
Ton âme comme un vase.

Mêlée aux jeux des jours, presse contre ton sein
La vie âpre et farouche ;
Que la joie et l'amour chantent comme un essaim
D'abeilles sur ta bouche.

Et puis regarde fuir, sans regret ni tourment,
Les rives infidèles,
Ayant donné ton cœur et ton consentement
À la nuit éternelle...

Anna de NOAILLES, *Le Cœur innombrable* (1901)
éd. Bernard Grasset.

Auguste Rodin (1840-1917),
***La Comtessse de Noailles*, 1906, plâtre.**

ANNA DE NOAILLES (1876-1933)
D'origine roumaine, Anna de Noailles est née et a été élevée à Paris. Influencée par le romantisme français, elle exprime avec lyrisme son amour du monde et son angoisse devant la fragilité du destin humain.

Repérer et comprendre

La mise en espace

1. Quelle remarque faites-vous sur les mètres utilisés ?

La situation d'énonciation

2. a. Qui désignent les pronoms « ils » et « les » (v. 17-19) ?
b. Qui peut être le destinataire ? Relevez des indices signalant sa présence. Justifiez votre réponse.

Le langage poétique

3. a. En quoi le titre et la place de l'adverbe « déjà » au vers 1 donnent-ils une première hypothèse de lecture ?
b. Analysez les métaphores présentes dans la première strophe. En quoi confirment-elles votre première hypothèse ?
4. a. Relevez dans l'ensemble du poème les champs lexicaux qui se réfèrent à la vie, à la mort.
b. Analysez les figures de style associées à ces champs lexicaux (par exemple, aux vers 11-12, 15-16, 23-24, 27-28, 30).
c. Relevez l'anaphore et les formes négatives dans les strophes 3 à 5. Quel est l'effet produit ?
d. Relevez quelques jeux de sonorités (notamment aux vers 13-14, 19, 25-28) et analysez quelques effets de rythme. En quoi le rythme et les sonorités participent-ils au sens ?

La visée

5. Quels sont les modes verbaux dominants utilisés dans les strophes 2, 6, 7, 8 ? Quelle est la valeur de ces modes ? Quelle est la visée de ce poème ? À quels autres poèmes pouvez-vous l'associer ?

Écrire

6. Écrivez une ou deux strophes sur le même thème et sur le même modèle métrique. Vous pouvez commencer par : « Toi, vis, ... »

Le pont Mirabeau

Sous le pont Mirabeau coule la Seine
Et nos amours
Faut-il qu'il m'en souvienne
La joie venait toujours après la peine

Vienne la nuit sonne l'heure
Les jours s'en vont je demeure

Les mains dans les mains restons face à face
Tandis que sous
Le pont de nos bras passe
Des éternels regards l'onde si lasse

Vienne la nuit sonne l'heure
Les jours s'en vont je demeure

L'amour s'en va comme cette eau courante
L'amour s'en va
Comme la vie est lente
Et comme l'Espérance est violente

Vienne la nuit sonne l'heure
Les jours s'en vont je demeure

Passent les jours et passent les semaines
Ni temps passé
Ni les amours reviennent
Sous le pont Mirabeau coule la Seine

Vienne la nuit sonne l'heure
Les jours s'en vont je demeure

Guillaume Apollinaire, *Alcools* (1913), éd. Gallimard.

GUILLAUME APOLLINAIRE (1880-1918)
À la fois poète et critique d'art, Guillaume Apollinaire contribue au succès des peintres cubistes.
Il renouvelle les thèmes et les formes poétiques, inaugurant la modernité : poésie du décor urbain, jeu sur la mise en espace du poème, suppression de la ponctuation. En même temps, sa poésie rejoint la tradition lyrique : elle chante la souffrance du mal aimé, la fuite du temps.

Repérer et comprendre

La mise en espace

1. Combien de strophes composent ce poème ? Quelle est leur disposition ?
2. Quels sont les mètres utilisés ?
3. *Rimes masculines, rimes féminines.*

> Les *rimes féminines*, contrairement aux *rimes masculines*, se terminent par un *e* muet. *Exemple :* Seine, souvienne.
> La prépondérance des rimes masculines ou féminines peut contribuer à créer un effet.

Quelle remarque faites-vous sur la nature des rimes (féminines, masculines) ? Quels sont les mots qui ne riment avec aucun autre ?
4. a. Quelles remarques faites-vous sur la ponctuation ?
b. Quelles sont les deux lectures possibles des vers 1 à 3 ?
5. Quels vers constituent le refrain ?

La situation d'énonciation

6. Qui désigne le pronom « je » ? À qui se réfère le déterminant possessif « nos » ?

Le langage poétique

7. a. Relevez les mots et expressions qui marquent l'écoulement, le passage.
b. « L'amour s'en va comme cette eau courante » (v. 13) : analysez la comparaison. Que symbolise aussi l'écoulement de l'eau ? Justifiez votre réponse.
c. En quoi le rythme, les jeux de sonorités, l'absence de ponctuation, la nature des rimes contribuent-ils à la fluidité ? Donnez quelques exemples.

8. a. Que symbolisent les mains (v. 7) et le pont (v. 9) ? Pourquoi le poète s'associe-t-il au pont ?
b. Pourquoi le nom « Espérance » (v. 16) prend-il une majuscule ?

La tonalité et la visée

9. a. Quelle différence de sens implique le changement de déterminants dans : « nos amours » (v. 2), « l'amour » (v. 13), « les amours » (v. 21) ?
b. À quel mode sont les verbes du refrain : « vienne » et « sonne » ? Quelle est la valeur de ce mode ?
c. Quelle est la valeur du présent dans la dernière strophe ?
10. Quels sont les sentiments successifs du poète ? Quelle est la tonalité de ce poème ?

Écrire

11. Guillaume Apollinaire associe le temps à l'eau. Et vous ? À quoi associez-vous le temps ? Rédigez un texte de quelques lignes, en vers ou en prose, dans lequel vous présenterez votre image personnelle du temps en la justifiant. Vous veillerez à utiliser des métaphores, des comparaisons, des personnifications.

La saison

Pommes et poires
Ne sont plus à l'arbre
Et le froid monte.
Déjà l'oiseau a traversé.

Cela n'empêche.

*

C'est à coup de ciseaux déjà
Que l'oiseau vole et la bruyère
Cherche remède à trop de poids
Qui peut durer.

Cela n'empêche.

*

Au triomphe aigu de l'aigu
Dans le sol et sur l'espace,
La fontaine est sans réplique
Et va geler comme un labour.

Cela n'empêche.

*

Pour la lutte et nos victoires
La saison ouvre à grands pas.

GUILLEVIC, *Gagner* (1949), éd. Gallimard.

EUGÈNE GUILLEVIC (1907-1997)
Eugène Guillevic s'oppose au surréalisme (voir « Se documenter », p. 17).
Sa poésie, concise et dépouillée, s'attache à nommer le monde par la force et la précision du mot.

Repérer et comprendre

1. Quelles remarques faites-vous sur la mise en espace, sur les mètres utilisés ?
2. Quelle est la saison évoquée ? Citez des indices du texte.
3. a. À quels temps sont les verbes ? Quelle est la valeur de ces temps ?
b. Quel adverbe de temps est répété dans les deux premières strophes ?
c. Quel est le vers répété ? Qu'en déduisez-vous sur la marche du temps ?
4. a. Analysez la métaphore des vers 6 et 7.
b. « Au triomphe aigu de l'aigu » (v. 11) : quel sens donnez-vous à l'adjectif « aigu » ? Comment comprenez-vous l'expression ?
5. Quel sens donnez-vous aux deux derniers vers ? Quelle est la visée du poème ?

Man Ray (1890-1976), dessin, 1937.

Si tu t'imagines

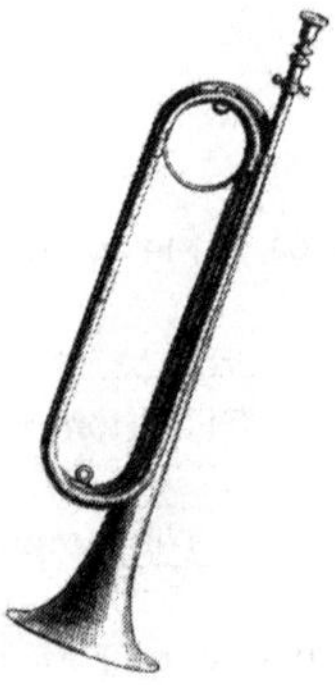

Si tu t'imagines
si tu t'imagines
fillette fillette
si tu t'imagines
xa va xa va xa
va durer toujours
la saison des za
la saison des za
saison des amours
ce que tu te goures
fillette fillette
ce que tu te goures

Si tu crois petite
si tu crois ah ah
que ton teint de rose
ta taille de guêpe
tes mignons biceps
tes ongles d'émail
ta cuisse de nymphe
et ton pied léger
si tu crois petite
xa va xa va xa
va durer toujours
ce que tu te goures
fillette fillette
ce que tu te goures

Les beaux jours s'en vont
les beaux jours de fête
soleils et planètes
tournent tous en rond
mais toi ma petite
tu marches tout droit
vers sque tu vois pas
très sournois s'approchent
la ride véloce
la pesante graisse
le menton triplé
le muscle avachi
allons cueille cueille
les roses les roses
roses de la vie
et que leurs pétales
soient la mer étale
de tous les bonheurs
allons cueille cueille
si tu le fais pas
ce que tu te goures
fillette fillette
ce que tu te goures

Raymond Queneau,
L'Instant fatal (1948), éd. Gallimard.

RAYMOND QUENEAU (1903-1976)
Il participe au mouvement surréaliste (voir « Se documenter », p. 17). Sa poésie joue des mots, de la syntaxe, du langage parlé. « Si tu t'imagines » a été mis en musique par Léo Ferré et chanté par Juliette Gréco.

Repérer et comprendre

1. Quelles remarques faites-vous sur la mise en espace ? sur la ponctuation ? Quels vers sont repris à la manière d'un refrain ?
2. À qui s'adresse le poète ? À quels indices peut-on savoir qu'il est plus âgé que le destinataire ?
3. Quels sont les mots et expressions qui sont écrits phonétiquement ? Relevez les termes familiers, voire argotiques. Quel est l'effet produit par leur emploi ?
4. Dans les vers 13 à 26, relevez les expressions qui évoquent la beauté physique. Sont-elles originales ? Retrouvez dans les vers 31 à 38 les mots ou expressions qui leur sont opposés. Quel est l'effet produit ?
5. Quelle est la visée du poème ? Citez précisément le texte.
6. Comparez ce poème avec celui de Ronsard : « Mignonne, allons voir si la rose... » (p. 43). En quoi peut-on les rapprocher ? En quoi s'opposent-ils ?

Écrire

7. À la manière de Raymond Queneau, écrivez une ballade ou les paroles d'une chanson commençant par : « Si tu t'imagines ». Vous utiliserez un niveau de langage courant, des jeux de mots et une syntaxe entrecoupée.

TROISIÈME PARTIE

La guerre

«Nuit partout
Le monde est plein d'ombres qui marchent…»

René-Guy Cadou

Pablo Picasso (1881-1973), *Guerre et Paix*, 1951, plume et encre de Chine.

L'EXPIATION

Il neigeait. On était vaincu par sa conquête.
Pour la première fois l'aigle baissait la tête.
Sombres jours ! l'empereur revenait lentement,
Laissant derrière lui brûler Moscou fumant.
Il neigeait. L'âpre hiver fondait en avalanche.
Après la plaine blanche une autre plaine blanche.
On ne connaissait plus les chefs ni le drapeau.
Hier la grande armée, et maintenant troupeau.
On ne distinguait plus les ailes ni le centre.
Il neigeait. Les blessés s'abritaient dans le ventre
Des chevaux morts ; au seuil des bivouacs désolés
On voyait des clairons à leur poste gelés,
Restés debout, en selle et muets, blancs de givre,
Collant leur bouche en pierre aux trompettes de cuivre.
Boulets, mitraille, obus, mêlés aux flocons blancs,
Pleuvaient ; les grenadiers, surpris d'être tremblants,
Marchaient pensifs, la glace à leur moustache grise.
Il neigeait, il neigeait toujours ! La froide bise
Sifflait ; sur le verglas, dans des lieux inconnus,
On n'avait pas de pain et l'on allait pieds nus.
Ce n'étaient plus des cœurs vivants, des gens de guerre :
C'était un rêve errant dans la brume, un mystère,
Une procession d'ombres sous le ciel noir.
La solitude vaste, épouvantable à voir,
Partout apparaissait, muette vengeresse.
Le ciel faisait sans bruit avec la neige épaisse
Pour cette immense armée un immense linceul.
Et chacun se sentant mourir, on était seul.

Victor HUGO, *Les Châtiments* (1852), V, XIII.

Théodore Géricault (1791-1824), *Le Retour de Russie*, gravure.

VICTOR HUGO (1802-1885)

Chef de file du romantisme, Victor Hugo écrit des poèmes, des romans, des pièces de théâtre. *Les Châtiments*, violente diatribe contre Napoléon III, ont été composés en exil, à Jersey.

Dans « L'expiation », Hugo chante les exploits des troupes de Napoléon Ier, tout en imaginant que ce dernier devait un jour expier le crime politique qui le porta au pouvoir lors du coup d'État du 18 Brumaire. La retraite de Russie constitue l'une de ces épreuves.

Repérer et comprendre

La mise en espace

1. Quel est le mètre utilisé ? Quelle est la disposition des rimes ?

La situation d'énonciation

2. Définissez la situation d'énonciation : qui désigne le pronom « on » dans l'extrait ? Quelles sont les circonstances historiques ? Aidez-vous du paratexte.

Le langage poétique

3. a. Quel est l'effet produit par la répétition anaphorique de « Il neigeait » ? Relevez le champ lexical de l'hiver.

b. Relevez les indications spatiales qui permettent de situer le lieu de l'action. Relevez toutes les notations visuelles, tactiles et auditives. Quel est l'effet produit ?

c. « Après la plaine blanche une autre plaine blanche » (v. 6). Quel est l'effet produit par le rythme et par le changement de déterminant ?

4. Relevez les trois termes successifs (noms et pronom) qui désignent Napoléon. Quelle progression constatez-vous ?

5. Quelles oppositions structurent l'extrait ? Pour répondre :

a. Analysez les antithèses du vers 8 et dites quel est l'effet produit par l'absence de déterminant devant le mot « troupeau ».

b. Relevez dans l'ensemble de l'extrait les mots et expressions qui désignent les soldats et analysez la progression des termes.

c. Relevez les tournures négatives (v. 7-21).

d. Quel est l'état d'âme des soldats ?

e. Qu'en concluez-vous sur le sort de la grande armée ?

La tonalité épique

L'*épopée* est un genre poétique qui remonte à l'Antiquité. Elle présente le récit en vers des exploits guerriers d'un héros légendaire ou historique. Les grandes épopées sont par exemple l'*Iliade* et l'*Odyssée* du poète grec Homère, *L'Énéide* du poète latin Virgile, *La Chanson de Roland* (chanson de geste anonyme du XIe siècle).
L'épopée transfigure la réalité pour l'amplifier et fait souvent intervenir des forces supérieures étrangères au genre humain. On y trouve des figures de style telles que l'*hyperbole* (exagération dans les termes et dans le ton), l'*accumulation*, la *personnification* (de la nature, des objets, des éléments...).

6. En quoi cet extrait revêt-il une tonalité épique ? Pour répondre, montrez quelles sont les forces en présence, appuyez-vous sur les figures de style, sur le rythme (par exemple, les mots mis en valeur par les enjambements...), et sur l'étude de quelques sonorités.

La visée

7. Quelle est la visée de cet extrait ? En quoi le vers 1 éclaire-t-il le sens du poème ?

Écrire

8. Un officier de l'armée de Napoléon tient un journal intime. Écrivez quelques pages de ce journal, dans lesquelles vous évoquerez un moment de la retraite de Russie. Vous vous inspirerez du poème.

Enquêter

9. Faites une recherche sur la retraite de Russie. Retrouvez dans le poème des éléments de la réalité historique.

Se documenter

La retraite de Russie

Le 24 juin 1812, la grande armée napoléonienne attaque la Russie ; elle occupe Moscou le 14 septembre. Après l'incendie de la ville, Napoléon doit faire face à la résistance patriotique et surtout au terrible hiver russe. Il est amené à ordonner à son armée la retraite qui fut terrible et meurtrière.

L'enfant

O horror! horror! horror!
Shakespeare, *Macbeth*.

Les Turcs ont passé là. Tout est ruine et deuil.
Chio, l'île des vins, n'est plus qu'un sombre écueil,
Chio, qu'ombrageaient les charmilles,
Chio, qui dans les flots reflétait ses grands bois,
Ses coteaux, ses palais, et le soir quelquefois
Un chœur dansant de jeunes filles.

Tout est désert. Mais non; seul près des murs noircis,
Un enfant aux yeux bleus, un enfant grec, assis,
Courbait sa tête humiliée.
Il avait pour asile, il avait pour appui
Une blanche aubépine, une fleur, comme lui
Dans le grand ravage oubliée.

Ah! pauvre enfant, pieds nus sur les rocs anguleux!
Hélas! pour essuyer les pleurs de tes yeux bleus
Comme le ciel et comme l'onde,
Pour que dans leur azur, de larmes orageux,
Passe le vif éclair de la joie et des jeux,
Pour relever ta tête blonde,

Que veux-tu? Bel enfant, que te faut-il donner
Pour rattacher gaîment et gaîment ramener
En boucles sur ta blanche épaule
Ces cheveux, qui du fer n'ont pas subi l'affront,
Et qui pleurent épars autour de ton beau front,
Comme les feuilles sur le saule?

Qui pourrait dissiper tes chagrins nébuleux ?
Est-ce d'avoir ce lys, bleu comme tes yeux bleus,
Qui d'Iran borde le puits sombre ?
Ou le fruit du tuba, de cet arbre si grand,
Qu'un cheval au galop met, toujours en courant,
Cent ans à sortir de son ombre ?

Veux-tu, pour me sourire, un bel oiseau des bois,
Qui charme avec un chant plus doux que le hautbois,
Plus éclatant que les cymbales ?
Que veux-tu ? fleur, beau fruit, ou l'oiseau merveilleux ?
– Ami, dit l'enfant grec, dit l'enfant aux yeux bleus,
Je veux de la poudre et des balles.

Victor HUGO, *Les Orientales*, XVIII (1828).

Repérer et comprendre

1. Définissez la situation d'énonciation :
a. Citez les pronoms personnels qui désignent l'enfant. Quel est l'effet produit ?
b. Quel pronom personnel désigne le poète ? À quel vers apparaît-il ?
c. Quel est le contexte historique ? Aidez-vous du paratexte.
2. Lisez la citation en exergue. Quel ton confère-t-elle d'emblée au poème ?

3. a. Relevez les oppositions qui structurent le poème. Appuyez-vous sur les champs lexicaux, sur les temps des verbes.
b. Quelles sont les différentes couleurs associées à l'enfant ?
4. Relevez les interjections des vers 13 et 14 et identifiez le type de phrases dominant dans les strophes 3 à 5. Quel est l'effet produit ?
5. Quels sont les différents dons proposés à l'enfant ? Quels sont leurs traits communs ? Que symbolisent-ils ?
6. a. Quel effet produit la réponse de l'enfant ? Quel double visage de l'enfance est évoqué ? **b.** Quelles sont les différentes visées du poème ?

Écrire

7. En vous inspirant du poème de Victor Hugo et du tableau de Delacroix, rédigez un article de presse dans lequel vous présenterez les conséquences tragiques du conflit gréco-turc à Chio tout en développant une critique de cette guerre. Pensez à introduire des connecteurs logiques, jouez sur la ponctuation, utilisez des procédés pour convaincre : mise en valeur de certaines expressions, prise à témoin du destinataire. *Exemple :* « Imaginez... », « Voyez... ».

Lire l'image (ci-contre)

***Les Massacres de Chio* d'Eugène Delacroix**
8. Décrivez ce que vous voyez à l'arrière-plan du tableau. Reprenez les mots du poème de Victor Hugo.
9. Décrivez les personnages que vous voyez au premier plan du tableau. Quel(s) sentiment(s) traduisent leurs différentes attitudes ?
10. Quels éléments opposent le cavalier à la gauche du tableau aux personnages du premier plan ? Qu'en déduisez-vous sur leurs rapports ?

Se documenter

Le massacre de Chio
Dès la fin du XVIIIe siècle se développa en Grèce un mouvement national de libération contre l'empire turc. Ce mouvement aboutit en 1822 à la proclamation de l'indépendance de la Grèce. Les armées turco-égyptiennes intervinrent alors pour rétablir la domination turque. Après le massacre des habitants de la ville de Chio, les Turcs reprirent Athènes.

Eugène Delacroix (1798-1863), ***Les Massacres de Chio*** **(1824).**

La colombe poignardée et le jet d'eau

Douces figures poignardées Chères lèvres fleuries
MIA MAREYE
YETTE LORIE
ANNIE et toi MARIE
où êtes-
vous ô
jeunes filles
MAIS
près d'un
jet d'eau qui
pleure et qui prie
cette colombe s'extasie

Tous les souvenirs de naguère
O mes amis partis en guerre
Jaillissent vers le firmament
Et vos regards en l'eau dormant
Meurent mélancoliquement
Où sont-ils Braque et Max Jacob
Derain aux yeux gris comme l'aube
Où sont Raynal Billy Dalize
Dont les noms se mélancolisent
Comme des pas dans une église
Où est Cremnitz qui s'engagea
Peut-être sont-ils morts déjà
De souvenirs mon âme est pleine
Le jet d'eau pleure sur ma peine

CEUX QUI SONT PARTIS A LA GUERRE AU NORD SE BATTENT MAINTENANT
Le soir tombe O sanglante mer
Jardins où saigne abondamment le laurier rose fleur guerrière

Guillaume Apollinaire, *Calligrammes* (1918), éd. Gallimard.

Repérer et comprendre

Une forme particulière : le calligramme

Le *calligramme* est un poème dont la disposition typographique forme un dessin en rapport avec le sujet même du poème. Apollinaire, dans le recueil intitulé *Calligrammes*, exploite largement cette forme, qui réunit le dessin et les mots : elle constitue pour lui une tentative de réaliser une œuvre d'art complète.

1. Sous quelle forme se présente ce poème ?

2. Dans quel ordre se fait selon vous la lecture ?

3. Identifiez tous les éléments qui composent ce calligramme. Quels rapports ont-ils avec le titre du poème ?

4. Relevez les mots qui riment.

Le langage poétique

La colombe.

5. a. Relevez les mots écrits en majuscules. Qui désignent-ils ?

b. *Une figure de style : la métonymie.*

La *métonymie* est une figure de style qui consiste à désigner une réalité par un terme désignant un autre objet, en vertu d'une relation logique. *Exemple :* « une voile » pour un bateau à voiles (le tout par la partie) ; « boire une tasse de café » (le contenu par le contenant).

Relevez et analysez les métonymies qui figurent sur chacune des ailes.

c. À quelle place se trouve l'expression « et toi » ? Quel est ici l'effet produit ?

d. « Cette colombe s'extasie » : quels sont les sens du verbe « s'extasier » ? Aidez-vous du dictionnaire.

Le jet d'eau.

6. a. Relevez les noms propres. Qui sont Braque, Max Jacob, Derain ?

b. Relevez les mots comportant des assonances en [i], des voyelles nasalisées, des allitérations en [m], [p], [g]. Quel est l'effet produit ?

7. Quelles sont les oppositions qui structurent ce calligramme ? Pour répondre :

a. Appuyez-vous sur les champs lexicaux et sur les deux adverbes de temps « naguère » et « maintenant ».

b. Analysez la figure de style « fleur guerrière ».

8. Quel est l'effet produit par le signe de ponctuation qui figure au centre du calligramme ?

9. Que peuvent symboliser la colombe et le jet d'eau ?

Extermination

C'était au mois d'août rutilant
Beau temps pour partir en vacances

Nous étions là tous les trois
Notre gosse ma femme et moi

Le soleil grillait dans son plomb
La rue coulait dans son étuve

Quand ils étaient venus nous prendre
Le gosse jouait au cerceau

Au lieu de pleurer notre enfant
Nous l'avons fait rire aux éclats

Au lieu d'ouvrir notre terreur
Nous avons fermé nos visages

Au lieu de prendre le poison
Nous nous sommes pris par les mains

Pour être ensemble malgré tout
Pour être ensemble jusqu'au bout

Paul Valet, *Sans muselière* (1949),
éd. J. Lévis Mano (droits révervés).

PAUL VALET (1905-1987)
Poète rebelle et solitaire, Paul Valet est l'inventeur du poème « coup de poing », dont la brièveté, la force et l'amertume traduisent l'indignation.

Repérer et comprendre

1. Quelles remarques faites-vous sur la mise en espace ?
2. Définissez la situation d'énonciation. Quel est le niveau de langage dans les vers 1 à 8 ?
3. Sur quelles oppositions est construit le poème ? Appuyez-vous sur le lexique, le niveau de langage, les jeux sur les mots (jeu sur les sens propres et les sens figurés, jeu sur les expressions métaphoriques devenues des lieux communs), le rythme.
4. Relevez le lexique de la chaleur. Cette chaleur n'est-elle que celle de l'été ?
5. Qui est désigné par le pronom personnel « ils » ?
6. Quelle est l'issue du voyage ? Quels sont les vers qui montrent que les parents connaissent cette issue ? Quelle est leur réaction face à l'angoisse et à la barbarie ?
7. Quelle est la tonalité du poème ? Quelle est sa visée ?

Pablo Picasso (1881-1973), étude pour « La Guerre et la Paix », 1952, plume et encre de Chine.

Barbara

Rappelle-toi Barbara
Il pleuvait sans cesse sur Brest ce jour-là
Et tu marchais souriante
Épanouie ravie ruisselante
Sous la pluie
Rappelle-toi Barbara
Il pleuvait sans cesse sur Brest
Et je t'ai croisée rue de Siam
Tu souriais
Et moi je souriais de même
Rappelle-toi Barbara
Toi que je ne connaissais pas
Toi qui ne me connaissais pas
Rappelle-toi
Rappelle-toi quand même ce jour-là
N'oublie pas
Un homme sous un porche s'abritait
Et il a crié ton nom
Barbara
Et tu as couru vers lui sous la pluie
Ruisselante ravie épanouie
Et tu t'es jetée dans ses bras
Rappelle-toi cela Barbara
Et ne m'en veux pas si je te tutoie
Je dis tu à tous ceux que j'aime
Même si je ne les ai vus qu'une seule fois
Je dis tu à tous ceux qui s'aiment
Même si je ne les connais pas
Rappelle-toi Barbara
N'oublie pas
Cette pluie sage et heureuse
Sur ton visage heureux
Sur cette ville heureuse

Cette pluie sur la mer
Sur l'arsenal
Sur le bateau d'Ouessant
Oh Barbara
Quelle connerie la guerre
Qu'es-tu devenue maintenant
Sous cette pluie de fer
De feu d'acier de sang
Et celui qui te serrait dans ses bras
Amoureusement
Est-il mort disparu ou bien encore vivant
Oh Barbara
Il pleut sans cesse sur Brest
Comme il pleuvait avant
Mais ce n'est plus pareil et tout est abîmé
C'est une pluie de deuil terrible et désolée
Ce n'est même plus l'orage
De fer d'acier de sang
Tout simplement des nuages
Qui crèvent comme des chiens
Des chiens qui disparaissent
Au fil de l'eau sur Brest
Et vont pourrir au loin
Au loin très loin de Brest
Dont il ne reste rien.

Jacques PRÉVERT, *Paroles* (1945), éd. Gallimard.

Repérer et comprendre

La mise en espace

1. Le poème comporte-t-il des strophes ? Que remarquez-vous quant aux mètres utilisés ?

2. Quelle remarque faites-vous sur la ponctuation ?

La situation d'énonciation

3. Qui désignent les pronoms « je » (v. 10), « tu » (v. 9), « il » (v. 18) ?

4. Qui prononce le prénom de Barbara aux vers 1, 19, 37 et 45 ? Sur quel ton ?

5. a. Quel est le niveau de langage du vers 38 ? Quel est l'effet produit ?

b. Donnez un synonyme du mot « connerie » dans un autre niveau de langage.

Le langage poétique

6. Relevez les notations de lieu qui forment le décor de cette histoire.

7. Quels personnages vivent une histoire d'amour ?

8. Relevez les mots et les expressions qui traduisent l'état d'âme de Barbara. Quelle est la valeur de l'imparfait « tu souriais » (v. 9) ?

9. a. Le poème peut se diviser en deux parties. Délimitez-les en vous aidant des temps des verbes et des indications temporelles. Donnez-leur un titre.

b. Repérez les répétitions et les anaphores qui rythment le poème.

10. Qu'est-ce qu'un « arsenal » (v. 35) ? Relevez les autres mots et expressions appartenant au champ lexical de la guerre.

11. a. Que désigne « cette pluie de fer/De feu d'acier de sang » (v. 40-41) ? À quelle autre pluie s'oppose-t-elle ? Quelle est la troisième image de la pluie présente dans le poème ?

b. Relevez les allitérations dans les vers 40-41. Quel est l'effet produit ?

12. a. Quelles sont les conséquences de la guerre sur ceux qui s'aiment ? sur le paysage ? Citez le texte.

b. Quels sont les deux sens possibles du verbe « crèvent » (v. 53) ?

13. À quel mot « Barbara » vous fait-il penser ? Proposez un autre titre.

La visée

14. Quelle est la position du poète par rapport à la guerre ?

15. Pourquoi le vers « Rappelle-toi Barbara » revient-il si souvent dans le poème ? Quelle est la visée du poème ?

Écrire

16. Récrivez les vers 17 à 44 en rétablissant la ponctuation qui vous semble convenir.
17. Écrivez un poème construit à partir de l'anaphore « Rappelle-toi ».

Pablo Picasso (1881-1973), *Le Visage de la paix*, 1951, mine de plomb.

EUROPE

Nuit partout
Le monde est plein d'ombres qui marchent
Sang noir coquelicot ruisselez sur les marches[1]
Un cadavre inconnu empoisonne les blés

Il y a des femmes qui pleurent
Un vieux casque rouillé où sont poussées des fleurs
Les odeurs de la terre
L'œil brillant d'un fusil sous les cils de bruyères
Et la main qui retient les paupières du feu

Les uns forcent les neiges
D'autres ont pris la mer au sortir du collège
Quelques-uns crucifiés saignent dans les haubans
Dieu a quitté la cène
On manque de pain blanc

Ah dormir dans les branches
Mais le ciel à son tour livre ses avalanches
Salut les passereaux
L'écolier dévidait son cœur sous son sarrau

Garde ton beau visage
Le dernier coup de feu sauve le paysage
Et ton bras se soumet aux amis de passage.

René-Guy CADOU, *La Vie rêvée* (1944), éd. Seghers.

1. Région frontière d'un État.

Repérer et comprendre

La mise en espace

1. Quelles remarques faites-vous sur la mise en espace ? Quels sont les mètres utilisés ? Le poème comporte-t-il des rimes ?
2. Quelles sont les caractéristiques de la dernière strophe (nombre de vers, rimes, mètres) ?

La situation d'énonciation

3. a. Le pronom « je » apparaît-il ? Y a-t-il des indices de la présence du poète ? Justifiez votre réponse. **b.** À qui peut s'adresser le vers : « Garde ton beau visage » (v. 19) ?

Le langage poétique

4. Quelle est la tonalité dominante de la première strophe ? Pour répondre :
a. Appuyez-vous sur le premier mot du poème (couleur, symbolique).
b. Analysez l'effet produit par l'absence de verbes et de déterminant au vers 1. **c.** Analysez la périphrase des « ombres qui marchent » (v. 2).
d. Relevez quelques sonorités qui contribuent à cette tonalité.
5. Quelle relation y a-t-il entre la nature, la vie, la mort ? Pour répondre :
a. Relevez dans les deux premières strophes les champs lexicaux qui s'opposent. **b.** Expliquez l'association « sang noir coquelicot » (v. 3). Que symbolise habituellement le coquelicot ? Pourquoi selon vous le verbe « ruisselez » (v. 3) est-il au pluriel ? **c.** Analysez la métaphore filée des vers 8 et 9. **d.** Montrez, en citant le texte, que les quatre éléments, terre, mer, eau, feu, sont associés à la guerre. **e.** Analysez l'effet produit par les assonances et les allitérations dans la deuxième strophe (par exemple, au vers 8).
6. a. Qui désignent les pronoms sujets de la troisième strophe ?
b. À qui sont associés les personnages évoqués ? Appuyez-vous sur les connotations du mot « crucifiés » (v. 12) et sur le sens du mot « cène » (v. 13).
7. Analysez la progression du poème. En quoi peut-on dire que son mouvement présente un crescendo puis un decrescendo ? Appuyez-vous aussi sur la mise en espace.

La visée

8. Quel sens donnez-vous au titre ? Quelle est la visée du poème ?

Henri Rousseau (1844-1910), *La Guerre*, 1894.

Henri Rousseau

La rose et le réséda

Celui qui croyait au ciel
Celui qui n'y croyait pas
Tous deux adoraient la belle
Prisonnière des soldats
Lequel montait à l'échelle
Et lequel guettait en bas
Celui qui croyait au ciel
Celui qui n'y croyait pas
Qu'importe comment s'appelle
Cette clarté sur leur pas
Que l'un fût de la chapelle
Et l'autre s'y dérobât
Celui qui croyait au ciel
Celui qui n'y croyait pas
Tous les deux étaient fidèles
Des lèvres du cœur des bras
Et tous les deux disaient qu'elle
Vive et qui vivra verra
Celui qui croyait au ciel
Celui qui n'y croyait pas
Quand les blés sont sous la grêle
Fou qui fait le délicat
Fou qui songe à ses querelles
Au cœur du commun combat
Celui qui croyait au ciel
Celui qui n'y croyait pas
Du haut de la citadelle
La sentinelle tira
Par deux fois et l'un chancelle
L'autre tombe qui mourra
Celui qui croyait au ciel
Celui qui n'y croyait pas

Ils sont en prison. Lequel
A le plus triste grabat
Lequel plus que l'autre gèle
Lequel préfère les rats
Celui qui croyait au ciel
Celui qui n'y croyait pas
Un rebelle est un rebelle
Nos sanglots font un seul glas
Et quand vient l'aube cruelle
Passent de vie à trépas
Celui qui croyait au ciel
Celui qui n'y croyait pas
Répétant le nom de celle
Qu'aucun des deux ne trompa
Et leur sang rouge ruisselle
Même couleur même éclat
Celui qui croyait au ciel
Celui qui n'y croyait pas
Il coule il coule et se mêle
À la terre qu'il aima
Pour qu'à la saison nouvelle
Mûrisse un raisin muscat
Celui qui croyait au ciel
Celui qui n'y croyait pas
L'un court et l'autre a des ailes
De Bretagne ou du Jura
Et framboise ou mirabelle
Le grillon rechantera
Dites flûte ou violoncelle
Le double amour qui brûla
L'alouette et l'hirondelle
La rose et le réséda

Louis ARAGON, *La Diane française* (1945), éd. Seghers.

LOUIS ARAGON (1897-1982)
Poète du groupe surréaliste (dont il s'écarte par la suite), Louis Aragon devient militant communiste, rencontre Elsa Triolet, sa compagne et son inspiratrice.

Repérer et comprendre

La mise en espace

1. a. Quel est le mètre utilisé ? Quel est l'effet produit par le rythme ?
b. Combien de rimes ce poème contient-il ? Quelle est leur disposition ?
2. En quoi l'absence de ponctuation permet-elle une liberté de lecture ?

La situation d'énonciation

3. Qui parle au vers 40 ? Quel est le destinataire au vers 61 ?

Le langage poétique

4. a. Relevez les vers qui sont régulièrement répétés. Combien de fois le sont-ils ? Quel est l'effet produit ?
b. *Une figure de style : le parallélisme.*

> Le *parallélisme* est une figure de style qui consiste dans l'emploi répété d'une construction symétrique. *Exemple :*
> « Je t'aime pour toutes les femmes que je n'ai pas connues
> Je t'aime pour tous les temps où je n'ai pas vécu »

Relevez quelques parallélismes qui rythment le poème.
c. Quelle remarque faites-vous sur la construction et sur l'ordre des mots dans les vers 22 à 24, 30 et 35 ?
d. En quoi le poème s'apparente-t-il à une chanson ?
5. Quels sont les personnages présentés dans les deux premiers vers ? En quoi sont-ils différents ? Pourquoi s'accordent-ils ?
6. Qui est désigné par la périphrase « la belle/Prisonnière des soldats » (v. 3-4), par les pronoms « elle » (v. 17), « celle » (v. 45) ?
7. Quel est le champ lexical dominant à partir du vers 50 ? Quelle est la valeur du futur (v. 60) associé à ce champ lexical ?

La visée

8. a. « Rose » et « réséda », « Bretagne » ou « Jura » (v. 58), « framboise » ou « mirabelle » (v. 59), « flûte » ou « violoncelle » (v. 61) : en quoi ces termes s'opposent-ils ? Pourquoi le poète les rapproche-t-il ?
b. Quelle est la visée de ce poème ?

Le déserteur

Monsieur le Président
Je vous fais une lettre
Que vous lirez peut-être
Si vous avez le temps

Je viens de recevoir
Mes papiers militaires
Pour partir à la guerre
Avant mercredi soir

Monsieur le Président
Je ne veux pas la faire
Je ne suis pas sur terre
Pour tuer des pauvres gens

C'est pas pour vous fâcher
Il faut que je vous dise
Ma décision est prise
Je m'en vais déserter.

Depuis que je suis né
J'ai vu mourir mon père
J'ai vu partir mes frères
Et pleurer mes enfants

Ma mère a tant souffert
Qu'elle est dedans sa tombe
Et se moque des bombes
Et se moque des vers

Quand j'étais prisonnier
On m'a volé ma femme
On m'a volé mon âme
Et tout mon cher passé

Demain de bon matin
Je fermerai ma porte
Au nez des années mortes
J'irai sur les chemins.

Je mendierai ma vie
Sur les routes de France
De Bretagne en Provence
Et je dirai aux gens

Refusez d'obéir
Refusez de la faire
N'allez pas à la guerre
Refusez de partir

S'il faut donner son sang
Allez donner le vôtre
Vous êtes bon apôtre
Monsieur le Président

Si vous me poursuivez
Prévenez vos gendarmes
Que je n'aurai pas d'armes
Et qu'ils pourront tirer

Boris Vian, *Textes et Chansons* (1975),
édité par Noël Arnaud, éd. Christian Bourgois.

BORIS VIAN (1920-1959)
Ingénieur, musicien de jazz, chanteur, journaliste, dramaturge, romancier, Boris Vian cultive les jeux de mots, le canular, l'insolite. Tout en s'amusant, il rejette les institutions (armée, Église, école...).

Repérer et comprendre

1. Quelles remarques faites-vous sur la mise en espace et sur les mètres utilisés ? En quoi le rythme est-il celui d'une chanson ?
2. Définissez la situation d'énonciation :
a. Qui parle ?
b. Quels sont les différents destinataires ?
c. Quelle remarque faites-vous sur le niveau du langage ?
d. Qui désigne le pronom « on » (v. 26-27) ?
3. a. Quelle est la position du poète ? Quels arguments avance-t-il ?
b. En quoi fait-il appel aux sentiments ? Appuyez-vous sur un champ lexical.
4. Quelle est la visée de ce poème ?

Écrire

5. Vous répondez sous forme de lettre argumentée à Boris Vian pour lui exprimer votre désaccord.

Enquêter

6. La chanson « Le déserteur » a une histoire : elle a été interdite pendant plusieurs années. Retrouvez cette histoire.
7. Écoutez Mouloudji chanter « Le déserteur » et notez les mots mis en valeur par la musique et par la voix.

QUATRIÈME PARTIE

La société des hommes

« Selon que vous serez puissant ou misérable,
Les jugements de cour vous rendront blanc ou noir... »

Jean de La Fontaine

Honoré Daumier (1808-1879), *Le Plébiscite de 1870*, dessin.

« Marcher d'un grave pas... »

Marcher d'un grave pas, et d'un grave sourci[1],
Et d'un grave souris[2] à chacun faire fête,
Balancer[3] tous ses mots, répondre de la tête,
Avec un *Messer non*, ou bien un *Messer si*[4] ;

Entremêler souvent un petit *É cosi*[5],
Et d'un *son Servitor*[6] contrefaire l'honnête[7] ;
Et comme si l'on eût sa part en la conquête,
Discourir sur Florence, et sur Naples[8] aussi ;

Seigneuriser[9] chacun d'un baisement de main,
Et suivant la façon d'un courtisan romain,
Cacher sa pauvreté d'une brave apparence ;

Voilà de cette cour la plus grande vertu,
Dont souvent mal monté[10], mal sain[11], et mal vêtu,
Sans barbe[12] et sans argent on s'en retourne en France.

Joachim du Bellay, *Les Regrets* (1558), LXXXVI,
orthographe modernisée.

---

1. Sourcil.
2. Sourire.
3. Peser.
4. Non monsieur, oui monsieur.
5. C'est ainsi (expression marquant l'approbation).
6. « Je suis votre serviteur. »
7. L'homme de bonne compagnie.
8. Allusion aux guerres de conquête en Italie.
9. Traiter en seigneur.
10. Sur un mauvais cheval.
11. En mauvaise santé.
12. Du Bellay avait contracté à Rome la pelade (perte de cheveux).

JOACHIM DU BELLAY (1522-1560)
La vie de Joachim du Bellay, poète de la Pléiade, est marquée par un voyage à Rome dont il attendait les plus grandes joies mais qui ne lui apportera que des désillusions et des regrets.

Repérer et comprendre

La mise en espace

1. Identifiez la forme du poème. Appuyez-vous sur le nombre de strophes, le mètre utilisé, la disposition des rimes.

La situation d'énonciation

2. La situation d'énonciation est-elle clairement identifiable ?
a. Qui désigne le pronom « on » au vers 14 ? Comment situer le poète par rapport à ce « on » ?
b. Dans quel lieu ce poème a-t-il été écrit ? Dans quelles circonstances ?

Le langage poétique

3. a. Identifiez les deux parties qui structurent le poème. Appuyez-vous sur le nombre et sur la place des verbes à l'infinitif, sur les conjonctions de coordination, sur la ponctuation.
b. Les parties sont-elles égales ? Précisez leur contenu.
4. Quels mots ou expressions se réfèrent à une cour italienne ?
5. Quel portrait le poète fait-il du courtisan ? Pour répondre :
a. Donnez le sens de l'adjectif « grave » aux vers 1 et 2. Quel est l'effet produit par sa répétition ? Quel type de comportement traduit-il ?
b. Analysez le rythme des vers 1, 2, 4. En quoi contribue-t-il à mettre ce comportement en relief ?
c. Dites quel est l'effet produit par l'accumulation des verbes à l'infinitif et par l'emploi de ce mode impersonnel.
6. En quoi le vers 12 est-il ironique ?
7. Relevez les tournures dépréciatives et négatives dans les vers 13 et 14. Quel est l'état d'âme du poète ?
8. Quel est le dernier mot du poème ? Quelle valeur ce mot revêt-il aux yeux du poète ?

La visée

9. Quelle est la visée du poème ? Appuyez-vous sur l'ensemble de vos réponses.

L'ALBATROS

Souvent, pour s'amuser, les hommes d'équipage
Prennent des albatros, vastes oiseaux des mers,
Qui suivent, indolents compagnons de voyage,
Le navire glissant sur les gouffres amers.

À peine les ont-ils déposés sur les planches,
Que ces rois de l'azur, maladroits et honteux,
Laissent piteusement leurs grandes ailes blanches
Comme des avirons traîner à côté d'eux.

Ce voyageur ailé, comme il est gauche et veule !
Lui, naguère si beau, qu'il est comique et laid !
L'un agace son bec avec un brûle-gueule[1],
L'autre mime, en boitant, l'infirme qui volait !

Le Poète est semblable au prince des nuées
Qui hante la tempête et se rit de l'archer[2] ;
Exilé sur le sol au milieu des huées,
Ses ailes de géant l'empêchent de marcher.

Charles BAUDELAIRE, *Les Fleurs du mal* (1861).

1. Courte pipe familière au marin.
2. Tireur à l'arc ; nom donné aussi à l'officier de police sous l'Ancien Régime.

Repérer et comprendre

La mise en espace

1. Quelles remarques faites-vous sur la mise en espace (nombre de strophes, mètre utilisé) ?

Le langage poétique

2. En quoi la situation de l'albatros s'est-elle modifiée ? Pour répondre, appuyez-vous sur :
a. les indications temporelles et les indications de lieu ;
b. les mots et expressions qui désignent et qui caractérisent l'albatros. Vous les classerez en deux champs lexicaux opposés.
c. En quoi la structure et le rythme des vers 5 à 12 ainsi que les jeux de sonorités (notamment des vers 10 et 11) mettent-ils en relief le jeu d'opposition entre les deux situations ?
3. Quel est le comportement des marins ? L'image donnée d'eux est-elle valorisante ou dévalorisante ? Justifiez votre réponse.

Une figure de style : le symbole

> Le *symbole* est la représentation d'une réalité par une autre, en s'appuyant sur des analogies (effets de ressemblance).

4. Quels sont les différents procédés qui font de l'albatros le symbole du poète ? Pour répondre :
a. Relevez les périphrases et expressions qui personnifient l'albatros. b. Relevez dans le dernier vers le mot qui assimile le poète à un oiseau.
c. Analysez la comparaison du vers 13 : quels sont les points communs entre le poète et l'oiseau (élément privilégié, relation avec les autres...) ?

La visée

5. Quelle est la conception baudelairienne du poète ? Prenez appui sur vos réponses.

Écrire

6. Quel est selon vous le rôle du poète ? Répondez en un ou deux paragraphes rédigés.

C'était un bon copain

Il avait le cœur sur la main
Et la cervelle dans la lune
C'était un bon copain
Il avait l'estomac dans les talons
Et les yeux dans nos yeux
C'était un triste copain
Il avait la tête à l'envers
Et le feu là où vous pensez
Mais non quoi il avait le feu au derrière
C'était un drôle de copain
Quand il prenait ses jambes à son cou
Il mettait son nez partout
C'était un charmant copain
Il avait une dent contre Étienne
À la tienne Étienne à la tienne mon vieux
C'était un amour de copain
Il n'avait pas sa langue dans la poche
Ni la main dans la poche du voisin
Il ne pleurait jamais dans mon gilet
C'était un copain
C'était un bon copain

Robert Desnos, *Corps et Biens* (1930), éd. Gallimard.

Repérer et comprendre

1. Quelles remarques faites-vous sur la mise en espace ?
2. a. Relevez les expressions toutes faites. Quelle est la figure de style qui préside à leur création ? **b.** Relevez les expressions renouvelées. Quel est leur principe de création ?
3. Relevez les anaphores : quel vers est répété avec des variantes ? Quel est l'effet produit ? Quelle est la visée du poème ?

La complainte Rutebeuf

Li mal ne sevent seul venir :	Les maux ne savent venir isolément :
Tout ce m'estoit a avenir	Il fallait que tout cela m'arrivât,
S'est avenu.	Et c'est arrivé.
Que sont mi ami devenu	Que sont devenus mes amis,
Que j'avoie si près tenu	Avec qui j'étais si intime
Et tant amé ?	Et que j'avais tant aimés ?
Je cuit qu'il sont trop cler semé :	Je crois qu'ils sont trop clairsemés :
Il ne furent pas bien femé,	Ils ne furent pas bien fumés,
Si sont failli.	Alors ils m'ont fait défaut.
Itel ami m'ont mal bailli,	Ces amis-là m'ont mal traité,
Qu'onques tant com Diex m'assailli	Car jamais, tant que Dieu m'affligea
En maint costé,	En mainte manière,
N'en vi un seul en mon osté :	Je n'en vis un seul en ma demeure.
Je cuit li vens les m'a osté.	Je crois que le vent me les a enlevés.
L'amor est morte :	L'amitié est morte :
Ce sont ami que vens emporte,	Ce sont amis que vent emporte,
Et il ventoit devant ma porte :	Et il ventait devant ma porte :
Ses emporta.	Aussi (le vent) les emporta.

Rutebeuf, extrait de *La Complainte Rutebeuf* (XIIIe siècle), orthographe modernisée.

RUTEBEUF (vers 1230 - vers 1285)
On ne sait guère de choses sur la vie de ce poète. Contemporain de Saint Louis, il vit péniblement de sa plume. Son œuvre présente la réalité de la vie quotidienne et se fait l'écho de ses tourments et de ses peines.
La complainte est un chant ou poème mélancolique qui raconte, sur un ton plaintif, les malheurs d'une personne.

Repérer et comprendre

1. Définissez la situation d'énonciation.
2. a. À quel proverbe le vers 1 se réfère-t-il ?
b. En quoi les maux du poète ont-ils été aggravés ?
3. « Mes amis » (v. 4), « ces amis-là » (v. 10), « amis » (v. 16) : quel est le sentiment du poète vis-à-vis de tous ses amis ? Appuyez-vous sur les déterminants.
4. Quel est l'effet produit par les vers courts ? Appuyez-vous sur leur sens.
5. a. Analysez la métaphore filée des vers 7 et 8. À quel domaine se réfère-t-elle ? Quelle explication le poète donne-t-il de la désertion de ses amis ? Se sent-il en partie responsable ?
b. Analysez la métaphore filée des vers 14-18. En quoi est-elle plus désespérée que la précédente ?
c. Quelle est la saison évoquée dans les derniers vers ? Quelle en est la symbolique ?

Écrire

6. Dans un devoir ordonné et argumenté, vous direz ce que vous attendez de l'amitié.

Enquêter

7. Retrouvez et écoutez ce poème mis en musique par Léo Ferré.

Les effarés

Noirs dans la neige et dans la brume,
Au grand soupirail qui s'allume,
Leurs culs en rond

À genoux, cinq petits, – misère ! –
Regardent le boulanger faire
Le lourd pain blond...

Ils voient le fort bras blanc qui tourne
La pâte grise, et qui l'enfourne
Dans un trou clair.

Ils écoutent le bon pain cuire.
Le boulanger au gras sourire
Chante un vieil air.

Ils sont blottis, pas un ne bouge,
Au souffle du soupirail rouge,
Chaud comme un sein.

Et quand, pendant que minuit sonne,
Façonné, pétillant et jaune,
On sort le pain,

Quand, sous les poutres enfumées,
Chantent les croûtes parfumées,
Et les grillons,

Que ce trou chaud souffle la vie
Ils ont leur âme si ravie
Sous leurs haillons,

Ils se ressentent si bien vivre,
Les pauvres petits pleins de givre !
– Qu'ils sont là, tous,

Collant leurs petits museaux roses
Au grillage, chantant des choses
    Entre les trous,

Mais bien bas, – comme une prière…
Repliés vers cette lumière
    Du ciel rouvert,

– Si fort, qu'ils crèvent leur culotte,
– Et que leur lange blanc tremblote
    Au vent d'hiver…

Arthur RIMBAUD, *Poésies* (1870).

Octave Tassaert (1800-1874),
Enfants dans la neige,
huile sur toile.

ARTHUR RIMBAUD (1854-1891)
Poète précoce et rebelle, Arthur Rimbaud fuit le milieu familial de Charleville pour vagabonder et gagner Paris sous la protection de Paul Verlaine.
Il écrit toute son œuvre entre quinze et vingt ans et part en Afrique où il mène une vie aventureuse.

Repérer et comprendre

La mise en espace

1. De combien de strophes le poème est-il constitué ? Combien de vers comportent-elles ?
2. Quels sont les mètres utilisés ? Quelle est la disposition des rimes ?

La situation d'énonciation

3. Dans la deuxième strophe, quel est le mot qui exprime le jugement du poète ? Par quel signe de ponctuation ce mot est-il mis en valeur ?

Le langage poétique

4. Quelle est la saison évoquée ? Citez un champ lexical à l'appui de votre réponse.
5. a. Quels sont les lieux qui s'opposent ? Citez des mots ou expressions qui illustrent cette opposition. Quelles sensations et quelles couleurs sont associées à chaque lieu ? En quoi les sonorités (notamment au vers 14) ont-elles une valeur expressive ?
b. Analysez la comparaison « Chaud comme un sein » (v. 15). Rapprochez-la du vers 22. Quelle est l'image évoquée ?
6. a. Relevez les mots et expressions qui désignent et qui caractérisent les enfants, puis le boulanger. Quel est l'effet produit ?
b. Quel est le niveau de langage des vers 3 et 34 ? Quel est ici l'effet produit ?
7. a. Que symbolisent « le pain » (v. 6) ? « les grillons » (v. 21) ?
b. Qui désigne le pronom « on » au vers 18 ? Quel changement de point de vue traduit-il ?

La visée

8. Quel rapport le poème établit-il entre la misère et l'animalité ?
9. Quel rapport y a-t-il entre le titre et le poème ? Quelle est sa visée ?

Les usines

[...] Automatiques et minutieux,
Des ouvriers silencieux
Règlent le mouvement
D'universel tictacquement
Qui fermente de fièvre et de folie
Et déchiquette, avec ses dents d'entêtement,
La parole humaine abolie.

Plus loin, un vacarme tonnant de chocs
Monte de l'ombre et s'érige par blocs ;
Et, tout à coup, cassant l'élan des violences,
Des murs de bruit semblent tomber
Et se taire, dans une mare de silence,
Tandis que les appels exacerbés
Des sifflets crus et des signaux
Hurlent soudain vers les fanaux,
Dressant leurs feux sauvages,
En buissons d'or, vers les nuages.

Et tout autour, ainsi qu'une ceinture,
Là-bas, de nocturnes architectures,
Voici les docks, les ports, les ponts, les phares
Et les gares folles de tintamarres ;
Et plus lointains encor des toits d'autres usines
Et des cuves et des forges et des cuisines
Formidables de naphte et de résines
Dont les meutes de feu et de lueurs grandies
Mordent parfois le ciel, à coups d'abois et d'incendies.
[...]

Émile Verhaeren, extrait du poème « Les usines »,
Les Villes tentaculaires (1895).

ÉMILE VERHAEREN (1855-1916)
Né en Belgique, précurseur de Guillaume Apollinaire, il évoque dans ses poèmes le monde industriel ainsi que sa campagne des Flandres.

Repérer et comprendre

1. a. Relevez les indications de lieu qui structurent l'espace. Quels sont les différents plans évoqués ?
b. Quel est l'effet produit par l'accumulation de noms au pluriel mis en valeur par le présentatif « voici » (v. 20) ?
2. a. Relevez les mots qui caractérisent les ouvriers dans la première strophe.
b. Relevez les allitérations dans cette même strophe. Quel est l'effet produit ?
c. Quelle est la place de la parole humaine dans cette vision du monde du travail ?
3. Quelle est la caractérisation de ce paysage industriel ? Appuyez-vous sur les champs lexicaux dominants.
4. Relevez les termes qui personnifient les éléments, les objets. En quoi confèrent-ils au texte une tonalité fantastique ?
5. À travers quel paradoxe le progrès est-il présenté ?

Débattre

6. Le progrès peut-il apporter le bonheur ? Vous ordonnerez votre réflexion et l'illustrerez par des exemples tirés de vos lectures et/ou de votre expérience personnelle.

Théophile Alexandre Steinlen (1859-1923), ***Jeune mineur,*** **fusain.**

La repasseuse

Autrefois ses mains faisaient des taches roses sur le linge éclatant qu'elle repassait. Mais dans la boutique où le poêle est trop rouge son sang s'est peu à peu évaporé. Elle devient de plus en plus blanche et dans la vapeur qui monte on la distingue à peine au milieu des vagues luisantes des dentelles.

Ses cheveux blonds flottent dans l'air en boucles de rayons et le fer continue sa route en soulevant du linge des nuages – et autour de la table son âme qui résiste encore, son âme de repasseuse court et plie comme le linge en fredonnant une chanson – sans que personne y prenne garde.

Pierre Reverdy, *Plupart du temps poèmes* (1915-1922),
éd. Flammarion.

PIERRE REVERDY (1889-1960)
Pierre Reverdy est l'un des pionniers du surréalisme (voir « Se documenter », p. 17). Il est proche des peintres Picasso, Matisse, Braque… Ses poèmes en prose évoquent le monde quotidien et font penser à des tableaux.

Repérer et comprendre

1. Identifiez la forme poétique.
2. a. Relevez les notations de couleur et de lumière.
b. Quelles sont les conditions de travail de la repasseuse ? En quoi affectent-elles son physique ? Citez le texte.
3. a. Analysez les images dans la phrase : « Ses cheveux blonds flottent dans l'air en boucles de rayons et le fer continue sa route en soulevant du linge des nuages » (l. 6-7).
b. « Son âme qui résiste encore » (l. 8) : commentez la place et le sens de l'adverbe « encore ». À quoi doit résister cette âme ? Comment résiste-t-elle ?
4. a. Quel sentiment le poète éprouve-t-il vis-à-vis de la repasseuse ?
b. Quelle est la visée du poème ?

Edgar Degas (1834-1917), *La Repasseuse*, 1869, pastel.

L'ÉPITAPHE DE VILLON EN FORME DE BALLADE

Frères humains qui après nous vivez,
N'ayez les cœurs contre nous endurcis,
Car, si pitié de nous pauvres avez,
Dieu en aura plus tôt de vous merci[1].
Vous nous voyez ci[2] attachés cinq, six;
Quant de[3] la chair que trop avons nourrie,
Elle est piéça[4] dévorée et pourrie,
Et nous, les os, devenons cendre et poudre.
De notre mal personne ne s'en rie[5];
Mais priez Dieu que tous nous veuille absoudre[6]!

Si frères vous clamons[7], pas n'en devez
Avoir dédain, quoique fûmes occis[8]
Par justice. Toutefois, vous savez
Que tous hommes n'ont pas bon sens rassis[9];
Excusez-nous, puisque sommes transis[10],
Envers le fils de la Vierge Marie,
Que sa grâce ne soit pour nous tarie,
Nous préservant de l'infernale foudre.
Nous sommes morts, âme ne nous harie[11];
Mais priez Dieu que tous nous veuille absoudre!

La pluie nous a débués[12] et lavés,
Et le soleil desséchés et noircis;
Pies, corbeaux, nous ont les yeux cavés[13],
Et arraché la barbe et les sourcis.
Jamais nul temps nous ne sommes assis;
Puis çà, puis là, comme le vent varie,
À son plaisir sans cesser nous charrie,
Plus becquetés d'oiseaux que dés à coudre.
Ne soyez donc de notre confrérie;
Mais priez Dieu que tous nous veuille absoudre!

Prince Jésus, qui sur tous a maîtrie[14],
Garde qu'Enfer n'ait de nous seigneurie[15] :
À lui n'ayons que faire ni que soudre[16].
Hommes, ici n'a point de moquerie ;
Mais priez Dieu que tous nous veuille absoudre !

François VILLON, *Poésies diverses* (XVe siècle).

FRANÇOIS VILLON (vers 1431-vers 1463)
Accusé de meurtre, François Villon est condamné à la potence puis gracié et banni. Il connaît durant le reste de sa vie d'autres déboires avec la justice.
Le titre complet de la ballade est : « L'Épitaphe en forme de ballade que fit Villon pour lui et ses compagnons, s'attendant à être pendu avec eux. »

Repérer et comprendre

La mise en espace

1. Retrouvez les caractéristiques de la ballade (voir p. 34).

La situation d'énonciation

2. a. Qui désigne le pronom « nous » (v. 1, 8) ? Qui peut désigner ce pronom dans l'expression « tous nous » (v. 10, 20, 30, 35) ? **b.** Qui sont les destinataires de cette ballade ? Citez les mots et les expressions qui les désignent. **c.** Qui désigne le pronom « vous » (v. 5) ?

1. Pitié.
2. Ici.
3. Quant à.
4. Depuis longtemps.
5. Que personne ne rie.
6. Qu'il veuille nous absoudre tous.
7. Appelons.
8. Tués.
9. Ne sont pas calmes.
10. Morts.
11. Que personne ne nous tourmente.
12. Détrempés.
13. Creusés.
14. Pouvoir.
15. Ne devienne notre maître.
16. Payer.

Le langage poétique

3. Quels sont les effets de la mort sur le corps ? Pour répondre :
a. Relevez les mots et expressions qui caractérisent les corps morts.
b. Analysez les différentes étapes de la dissolution des corps (v. 6-8).
c. Dites en quoi la nature contribue à malmener les corps et à participer à leur dissolution.
d. Analysez la comparaison du vers 28.
e. Analysez l'effet produit par les jeux de sonorités (notamment les allitérations et les assonances des vers 6-8, 21-24) et par le rythme (vers 5 et 26).
4. Quel vers évoque par contraste les plaisirs terrestres dans la première strophe ?
5. Analysez l'argumentation contenue dans la deuxième strophe. (Prenez en compte le sens et la place des adverbes ainsi que l'effet produit par l'enjambement des vers 12 et 13.) Quel est l'enjeu de cette argumentation ?
6. a. Relevez les mots et expressions qui évoquent l'Enfer.
b. Quel est le sens du mot « absoudre » ? Combien de fois est-il répété ?
c. Dieu est-il invoqué directement ? Vers qui se tournent les suppliciés ? Pourquoi, selon vous ?

La tonalité et la visée

7. Relevez les verbes à l'impératif et au subjonctif. Quelle est la valeur de ces modes ? Que demandent les pendus pour eux-mêmes ? À qui le demandent-ils successivement ? (Appuyez-vous sur la question 2.)
8. Quelle leçon donnent-ils aux hommes ? Appuyez-vous sur le sens de l'expression : « Ne soyez donc de notre confrérie » (v. 29).
9. Quelle est la tonalité de cette ballade ? Quelle en est la visée ? Rédigez un paragraphe en faisant la synthèse de vos réponses.

Les animaux malades de la peste

Un mal qui répand la terreur,
Mal que le Ciel en sa fureur
Inventa pour punir les crimes de la terre,
La Peste (puisqu'il faut l'appeler par son nom),
Capable d'enrichir en un jour l'Achéron[1],
Faisait aux Animaux la guerre.
Ils ne mouraient pas tous, mais tous étaient frappés :
On n'en voyait point d'occupés
À chercher le soutien d'une mourante vie ;
Nul mets n'excitait leur envie ;
Ni loups ni renards n'épiaient
La douce et l'innocente proie ;
Les tourterelles se fuyaient :
Plus d'amour, partant[2] plus de joie.

Grandville (1803-1847), *Les Animaux malades de la peste*, gravure.

1. Fleuve des Enfers. 2. Par conséquent.

Le Lion tint conseil, et dit : « Mes chers amis,
Je crois que le Ciel a permis
Pour nos péchés cette infortune.
Que le plus coupable de nous
Se sacrifie aux traits du céleste courroux[3] ;
Peut-être il obtiendra la guérison commune.
L'histoire nous apprend qu'en de tels accidents,
On fait de pareils dévouements.
Ne nous flattons donc point ; voyons sans indulgence
L'état de notre conscience.
Pour moi, satisfaisant mes appétits gloutons,
J'ai dévoré force moutons[4].
Que m'avaient-ils fait ? Nulle offense ;
Même il m'est arrivé quelquefois de manger
Le berger.
Je me dévouerai donc, s'il le faut ; mais je pense
Qu'il est bon que chacun s'accuse ainsi que moi :
Car on doit souhaiter, selon toute justice,
Que le plus coupable périsse.
– Sire, dit le Renard, vous êtes trop bon roi ;
Vos scrupules font voir trop de délicatesse.
Eh bien ! manger moutons, canaille, sotte espèce,
Est-ce un péché ? Non, non. Vous leur fîtes, Seigneur,
En les croquant, beaucoup d'honneur ;
Et quant au berger, l'on peut dire
Qu'il était digne de tous maux,
Étant de ces gens-là qui sur les animaux
Se font un chimérique empire[5]. »
Ainsi dit le Renard ; et flatteurs d'applaudir.
On n'osa trop approfondir
Du Tigre, ni de l'Ours, ni des autres puissances,
Les moins pardonnables offenses.
Tous les gens querelleurs, jusqu'aux simples mâtins[6],
Au dire de chacun, étaient de petits saints.

---

3. Colère du ciel. **4.** Beaucoup de moutons. **5.** Pouvoir imaginaire. **6.** Gros chiens de garde.

L'Âne vint à son tour, et dit : « J'ai souvenance
Qu'en un pré de moines passant,
La faim, l'occasion, l'herbe tendre, et, je pense,
Quelque diable aussi me poussant,
Je tondis de ce pré la largeur de ma langue.
Je n'en avais nul droit, puisqu'il faut parler net. »
À ces mots on cria haro sur le Baudet.
Un Loup, quelque peu clerc[7], prouva par sa harangue[8]
Qu'il fallait dévouer[9] ce maudit animal,
Ce pelé, ce galeux, d'où venait tout leur mal.
Sa peccadille fut jugée un cas pendable.
Manger l'herbe d'autrui ! quel crime abominable !
Rien que la mort n'était capable
D'expier son forfait : on le lui fit bien voir.

Selon que vous serez puissant ou misérable,
Les jugements de cour vous rendront blanc ou noir.

Jean de LA FONTAINE, *Fables*, Livre VII, 1 (1679).

JEAN DE LA FONTAINE (1621-1695)
Maître des Eaux et Forêts, Jean de La Fontaine devient le protégé du surintendant (ministre) des Finances, Fouquet. Les six premiers livres de ses *Fables*, dédiés au dauphin âgé de six ans, dénoncent sous un mode plaisant les défauts humains. Les livres sept à douze abordent des problèmes de société et accordent une place à la réflexion philosophique.

Repérer et comprendre

La situation d'énonciation

1. a. Relevez les interventions du narrateur. Qui parle au vers 60 ?
b. Qui désigne le pronom « vous » (v. 63-64) ?

7. Savant. **8.** Son discours. **9.** Sacrifier.

Un genre : la fable

> La *fable* est un court récit en vers ou en prose, chargé d'illustrer une moralité.

2. a. Délimitez les vers qui présentent la situation initiale. **b.** Par quels procédés le mot « peste » est-il mis en valeur ? Appuyez-vous sur la place des mots, les effets de sonorités, les champs lexicaux.

3. *Une figure de style : le chiasme.*

> Le *chiasme* est une figure de style qui consiste à inverser l'ordre des termes qui s'opposent.

Quels sont les effets de la peste ? Pour répondre : **a.** Analysez le chiasme du vers 7. Précisez la valeur de l'imparfait. **b.** Appuyez-vous sur les champs lexicaux et sur les formes négatives.

4. Quel vers marque l'amorce de l'action ? Quelles en sont les différentes étapes ?

5. a. Qui sont les différents personnages ? Relevez les mots et expressions qui les caractérisent. **b.** En quoi peut-on dire qu'ils incarnent un type de caractère et une fonction ?

6. Quel est le sens de l'expression « crier haro sur le baudet » (v. 55) ? Citez le passage qui marque le dénouement. Quel est-il ?

L'argumentation

7. a. Repérez les paroles rapportées. **b.** Quels sont les trois intervenants essentiels ? Quelle remarque faites-vous sur l'ordre de leur intervention ? Qui parle le plus ? **c.** Quels crimes ont-ils commis chacun ? Lequel est le plus coupable ?

8. a. Quel est le niveau de langage du lion ? Quels champs lexicaux repérez-vous dans son discours ? **b.** Quelle remarque faites-vous sur le passage du pronom « nous » (v. 18) au pronom « il » (v. 20) ? **c.** Analysez l'effet produit par le vers 29.

9. Qui le renard valorise-t-il ? Qui dévalorise-t-il ? Par quels termes ? Quelle est sa stratégie ? À quelle fin ?

10. a. Combien de fois le pronom de la première personne est-il utilisé dans le discours de l'âne ? **b.** Quelle faute a-t-il commise ? Sa façon de la présenter est-elle adroite ? Justifiez votre réponse.

La morale et la visée

11. a. Quelle est la morale de cette fable ? **b.** S'agit-il d'une morale de constat ou d'une leçon de sagesse ? Cette morale est-elle optimiste ? pessimiste ? Quelles sont les visées de cette fable ?

« C'ÉTAIT UN TRÈS BON NÈGRE... »

Il n'y a pas à dire : c'était un bon nègre. Les Blancs disent que c'était un bon nègre, un vrai bon nègre, le bon nègre à son bon maître. Je dis hurrah !

C'était un très bon nègre, la misère lui avait blessé poitrine et dos et on avait fourré dans sa pauvre cervelle qu'une fatalité pesait sur lui qu'on ne prend pas au collet; qu'il n'avait pas puissance sur son propre destin; qu'un Seigneur méchant avait de toute éternité[1] écrit des lois d'interdiction en sa nature pelvienne[2]; et d'être le bon nègre; de croire honnêtement à son indignité, sans curiosité perverse de vérifier jamais les hiéroglyphes fatidiques.

C'était un très bon nègre

et il ne lui venait pas à l'idée qu'il pourrait houer[3], fouir[4], couper tout, tout autre chose vraiment que la canne insipide

C'était un très bon nègre.

Aimé CÉSAIRE, extrait de *Cahier d'un retour au pays natal* (1947), éd. Présence Africaine.

---

1. Selon la Bible, les Noirs descendent de Cham, fils de Noé. Cham est montré comme un fils irrespectueux dans l'épisode où il découvre à ses frères la nudité de son père.

2. Le pelvis est l'os du bassin.

3. Sarcler, biner, désherber la terre.

4. Creuser la terre.

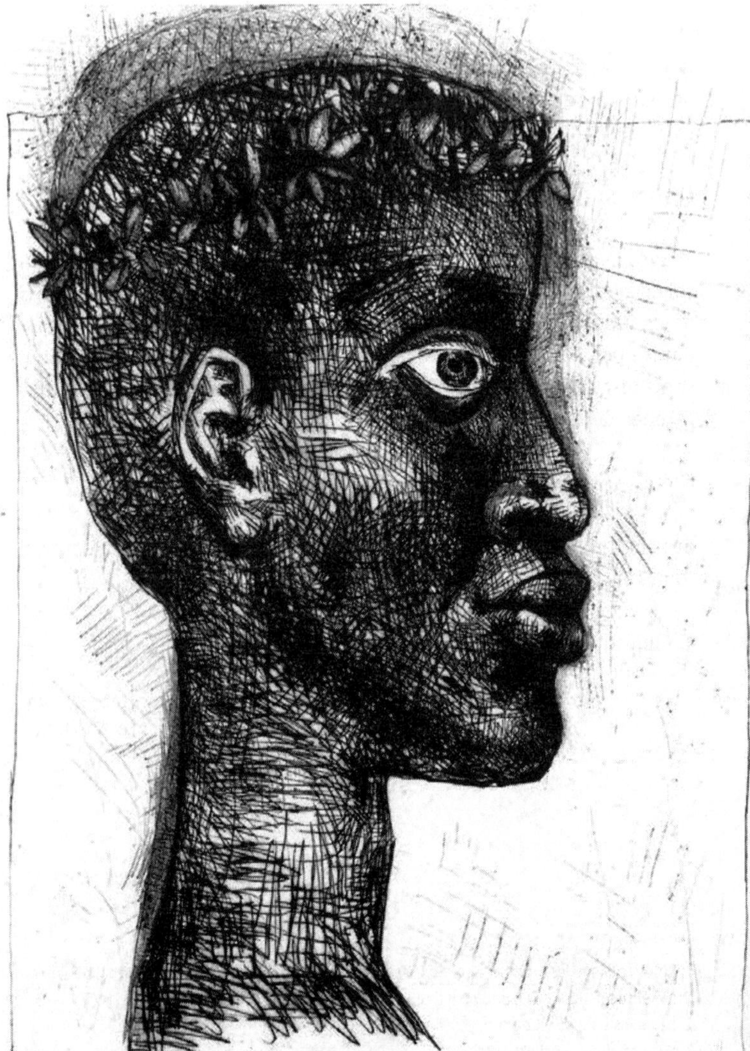

Pablo Picasso (1881-1973), eau-forte, 1950.

AIMÉ CÉSAIRE (né en 1913)

Aimé Césaire est un écrivain et homme politique antillais. Son *Cahier d'un retour au pays natal* a été écrit en 1938-1939. Les éditeurs en ont refusé le texte jusqu'en 1947, date à laquelle il a été finalement publié. Dans les lignes qui précèdent l'extrait, Césaire évoque la mort de son grand-père et salue par un « hurrah » la fin de la « vieille négritude » (voir « Se documenter », p. 120).

Repérer et comprendre

1. Quelle remarque faites-vous sur la mise en espace ? Quelle figure de style rythme le poème ?

2. Qui désigne le pronom « on » (l. 5, 6) ?

3. *Un procédé : l'ironie.*

Pour dénoncer une injustice, l'énonciateur peut choisir le détour de la dérision. C'est ce que l'on appelle l'*ironie*. Les procédés de l'ironie sont nombreux : le plus fréquent est l'antiphrase qui se définit comme le fait d'exprimer, par raillerie, le contraire de ce que l'on veut faire entendre.

a. Quel double sens l'expression d'ouverture « Il n'y a pas à dire » peut-elle prendre ?

b. Quel est l'effet produit par la double caractérisation dans l'expression « un vrai bon nègre » ?

c. À quelle expression familière vous fait penser « le bon nègre à son bon maître » (l. 2) ?

4. Relevez tous les termes qui évoquent la nature du travail et la souffrance physique imposée par le travail. Quelle autre souffrance pèse sur les Noirs ?

5. a. « Un Seigneur méchant [...] nature pelvienne » (l. 7-9) : expliquez le sens de cette phrase. Aidez-vous des notes 1 et 2.

b. Montrez, en recourant à l'étymologie, que le terme « hiéroglyphes » (l. 10-11) désigne la Bible. La critique de Césaire s'applique-t-elle à la Bible ou à ceux qui ont interprété ou déformé le texte biblique ?

6. a. Relevez les mots et tournures appartenant au champ lexical de l'interdiction. **b.** Quelle remarque faites-vous sur le rythme de la phrase : « la misère [...] fatidiques » (l. 5-11).

7. Quelle justification est finalement donnée à la servitude ? Que faut-il en penser ? Appuyez-vous sur vos réponses précédentes.

8. Quelle est la visée du poème ?

Écrire

9. Opposez une réponse rédigée et construite aux arguments présentés pour justifier la servitude (voir question 7).

Comparer

10. Recherchez et lisez le texte de Montesquieu intitulé : « De l'esclavage des Nègres ». Quels points communs ce texte présente-t-il avec le poème d'Aimé Césaire ?

Enquêter

11. Préparez un dossier : **a.** sur la traite des Noirs et sur l'abolition de l'esclavage ; **b.** sur les formes de l'esclavage moderne. Présentez votre dossier à la classe.

Lire

12. Lisez un roman traitant de l'esclavage : *Bug-Jargal* de Victor Hugo, *Black Boy* de Richard Wright.

Se documenter

La Négritude

Nom commun féminin qui vient du mot « nègre » et qui désigne : a) le fait d'appartenir à la race noire ; b) l'ensemble des valeurs culturelles et spirituelles des peuples noirs.

Au XIXe siècle et encore au XXe siècle, les mots de la famille de « nègre » ont une connotation péjorative et raciste. À partir de 1934, le mot « négritude », employé par des étudiants africains et antillais (Léon Damas, Léopold Senghor et Aimé Césaire) dans la revue *L'Étudiant noir*, va prendre une autre connotation, beaucoup plus valorisante.

La Négritude désigne un mouvement littéraire rassemblant les écrivains précités et d'autres comme Birago Diop ou Camara Laye, fédérés par la fierté d'appartenir à la race noire et par la volonté, à travers l'expression artistique, de revendiquer la dignité de tout un peuple.

Le politique

Ils ont sonné à ma porte
Je suis sorti de mon lit
Ils sont entrés dans ma chambre
Ils m'ont dit de m'habiller

Le soleil par la fenêtre
Ruisselait sur le plancher
Ils m'ont dit mets tes chaussures
On chantait sur le palier

J'ai descendu l'escalier
Entre leurs deux uniformes
Adossé à une borne
Un clochard se réveillait

Ils me donneront la fièvre
La lumière dans les yeux
Ils me casseront les jambes
À coups de souliers ferrés

Mais je ne dirai rien
Car je n'ai rien à dire
Je crois à ce que j'aime
Et vous le savez bien

Ils m'ont emmené là-bas
Dans la grande salle rouge
Ils m'ont parqué dans un coin
Comme un meuble… comme un chien

Ils m'ont demandé mon âge
J'ai répondu vingt-sept ans
Ils ont écrit des mensonges
Sur des registres pesants

Ils voulaient que je répète
Tout ce que j'avais chanté

Il y avait une mouche
Sur la manche du greffier

Qui vous a donné le droit
De juger votre prochain
Votre robe de drap noir
Ou vos figures de deuil

Je ne vous dirai rien
Car je n'ai rien à dire
Je crois à ce que j'aime
Et vous le savez bien

Ils m'ont remis dans la cage
Ils reviennent tous les jours
Ils veulent que je leur parle
Je me moque des discours

Je me moque des menaces
Je me moque de vos coups
Le soleil vient à sept heures
M'éveiller dans mon cachot

Un jour avant le soleil
Quelqu'un viendra me chercher
On coupera ma chemise
On me liera les poignets

Si vous voulez que je vive
Mettez-moi en liberté
Si vous voulez que je meure
À quoi bon me torturer

Car je ne dirai rien
Je n'ai rien à dire
Je crois à ce que j'aime
Et vous le savez bien.

Boris VIAN, *Textes et Chansons* (1975),
édité par Noël Arnaud, éd. Christian Bourgois.

Repérer et comprendre

La mise en espace

1. Combien de strophes ce poème comporte-t-il ? Quelle strophe est répétée ? Combien de fois ? Quel est l'effet produit ?
2. Quels sont les mètres utilisés ? Quelles sont les strophes où les mètres sont les plus courts ?

La situation d'énonciation

3. Qui désignent les pronoms personnels « je », « vous », « ils » ?
4. Qui désigne le pronom « on » au vers 8 et aux vers 51-52 ?

Le langage poétique

5. En vous appuyant sur les temps des verbes conjugués, retrouvez les différentes parties du poème et donnez-leur un titre. Quel est le temps de référence ? Quelle est la valeur du futur ?
6. Analysez la figure de style dans l'expression « leurs deux uniformes » (v. 10). Quelle fonction sociale cette figure met-elle en valeur ?
7. Que symbolise le soleil dans les strophes 2, 12 et 13 ?
8. a. Relevez les verbes conjugués dont le sujet est « ils » (v. 4, 7, 25, 43) et ceux dont le sujet est « je » (v. 17, 37, 57). Quelle remarque vous inspire ce relevé ?
b. Relevez le champ lexical de la violence. Quels sont les vers qui montrent que le personnage ne cède pas à la violence ?

La visée

9. a. En quoi le titre éclaire-t-il le sens du poème ?
b. Quelle est la visée de ce poème ?

Écrire

10. Récrivez les strophes 7 et 9 en rétablissant la ponctuation.
11. Rédigez un article de presse qui dénoncera ce qui est arrivé à l'énonciateur du poème.

La poésie

L'amour et ses visages

1. Quel est le poème sur l'amour que vous avez préféré ? Pourquoi ?

2. En quoi le lyrisme personnel du poète exprime-t-il aussi un sentiment universel ? Appuyez votre réponse sur des exemples.

La fuite du temps

3. Relevez les verbes à l'impératif dans les poèmes que vous avez étudiés. Quelle est la valeur de ce mode ? Pourquoi ce mode semble-t-il lié à la fuite du temps ?

4. Dans l'ensemble des poèmes, quelles sont les constantes liées au sentiment du temps ? Quelles sont les images liées au temps ?

5. Quels sont les poèmes qui associent le temps et l'amour ?

6. Recherchez le mythe de Cronos. Pouvez-vous le rattacher aux poèmes que vous avez étudiés ? Justifiez votre réponse.

La guerre

7. Replacez les poèmes étudiés dans un cadre historique.

8. Quelles sont les principales formes de discours utilisées dans ces poèmes ? Quelle est leur visée ? Quelle fonction revêt le poète ?

La société des hommes

9. Pourquoi la chanson est-elle une forme qui se prête bien à la poésie engagée ?

10. Quelles sont les revendications des poètes dans les textes que vous avez étudiés ? Sont-elles encore d'actualité ?

11. Sous forme d'un poème (forme fixe ou forme libre), faites le portrait d'un acteur de la vie sociale (musicien, professeur, homme politique...).

Questions d'ensemble

12. Quels sont les poèmes lyriques ? Les poèmes engagés ?

13. Quels poèmes présentent une forme fixe ? une forme libre ?

14. Pour analyser le langage poétique, quels sont les éléments formels (éléments de versification) et les figures de style que vous avez pris en compte ? Faites-en la liste aussi complète que possible. Donnez pour chacun d'eux une définition précise. (Aidez-vous des définitions données dans le recueil.)

15. Replacez sur un axe chronologique les poètes dont vous avez étudié les textes. Faites une recherche biographique sur ces poètes.

16. Replacez Pierre de Ronsard, Alphonse de Lamartine, Paul Verlaine dans leur mouvement littéraire. Présentez en quelques lignes les caractéristiques de ces différents mouvements.

Lire l'image

17. *La Belle Lurette* (p. 39).
a. Décrivez ce que vous voyez au premier plan du tableau. **b.** Quel est l'objet qui se trouve à l'arrière-plan ? Qu'évoque-t-il pour vous ? **c.** En partant du coin gauche du tableau, tracez une diagonale : que remarquez-vous ? **d.** Quelle relation établissez-vous entre ce tableau et le temps ? Que signifie le titre du tableau ?

18. *Guerre et Paix* (p. 69).
a. Énumérez les différents éléments qui composent ce dessin puis étudiez leur place les uns par rapport aux autres. **b.** Examinez toutes les formes représentées : en quoi reflètent-elles l'appartenance de Picasso au mouvement cubiste ? **c.** En quoi ce tableau est-il intemporel et constitue-t-il une illustration de toutes les guerres ? **d.** Quelle remarque vous inspire la place de la colombe dans ce tableau ?

Index des rubriques

Repérer et comprendre

Lire l'image,

Se documenter

Index des auteurs

Moyen Âge

KHAYAM, Omar (1050-1123)
ORLÉANS, Charles d'(1394-1465)
PISAN, Christine (vers 1364-vers 1431)
RUTEBEUF (vers 1230-vers 1285)
VILLON, François (vers 1431-vers 1463)

XVIe siècle

BELLAY, Joachim du (1522-1560)
LABÉ, Louise (1524-1566)
RONSARD, Pierre de (1524-1585)

XVIIe siècle

LA FONTAINE, Jean de (1621-1695)

XIXe siècle

BAUDELAIRE, Charles (1821-1867)
HUGO, Victor (1802-1885)
LAMARTINE, Alphonse de (1790-1869)
NERVAL, Gérard de (1808-1855)
RIMBAUD, Arthur (1854-1891)
VERLAINE, Paul (1844-1896)

XXe siècle

APOLLINAIRE, Guillaume (1880-1918)
ARAGON, Louis (1897-1982)
CADOU, René-Guy (1920-1951)
CÉSAIRE, Aimé (né en 1913)
DESNOS, Robert (1900-1945)
ÉLUARD, Paul (1895-1952)
GUILLEVIC, Eugène (1907-1997)
NOAILLES, Anna de (1876-1933)
PRÉVERT, Jacques (1900-1977)
QUENEAU, Raymond (1903-1976)
REVERDY, Pierre (1889-1960)
SENGHOR, Léopold Sédar (né en 1906)
VALET, Paul (1905-1987)
VERHAEREN, Émile (1855-1916)
VIAN, Boris (1920-1959)

Table des illustrations

2	ph © Giraudon © ADAGP, Paris 2000
3	haut: ph © RMN © Succession Picasso 2000; bas: ph © Giraudon
7	Saint-Petersbourg, Musée Russe. ph © Giraudon © ADAGP, Paris 2000
9	Paris, Louvre, DAG. ph © J.G.Berizzi /RMN
15	Paris, Musée d'Orsay ph © RMN
21	Saluzzo, Château Della Manta. ph © Alinari-Giraudon
23	Paris, Musée d'Orsay. ph © RMN-Hervé Lewandowski
27	Paris, Coll. Particulière. ph © Lauros-Giraudon
30	ph © Man Ray Trust - © ADAGP, Paris 2000
33	Paris, Louvre. ph © RMN
39	Coll. Particulière. ph © Photothèque René Magritte-Giraudon. © ADAGP, Paris 2000
41	Chantilly, Musée Condé. ph © Giraudon
45	Bayonne, Musée Bonnat. ph © Lauros-Giraudon
46	Saint-Petersbourg, Institut d'études orientales. ph © Giraudon
50	Archives Hachette
53	Musée de la ville de Paris, Musée Carnavalet. ph © Lauros-Giraudon
57	Paris, Louvre. ph © RMN
59	ph © RMN-Maryse El Garby
65	Musée de Saint-Denis. ph © Man Ray Trust - ADAGP, Paris 2000
69	Paris, Musée Picasso. ph © RMN © Succession Picasso 2000
71	Paris, École des Beaux-Arts. ph © Giraudon
77	Paris, Louvre. ph © Giraudon
78	Éditions Gallimard
81	Paris, Musée Picasso. ph © RMN © Succession Picasso 2000
85	Paris, Musée Picasso. ph © RMN © Succession Picasso 2000
88/89	Paris, Musée d'Orsay. ph © J.E. Bulloz
95	Paris, B.N.F. ph © Giraudon
99	Château de Compiègne. ph © RMN-Arnaudet
101	Chantilly, Musée Condé. ph © Giraudon
104	Paris, Louvre. ph © RMN-Gérard Blot
107	Paris, Louvre, DAG. ph © RMN-Gérard Blot
109	Paris, Musée d'Orsay. ph © RMN-Jean/Schormans
111	Paris, B.N.F.
113	Paris, B.N.F. ph © Giraudon
118	ph © Paris, B.N.F. © Succession Picasso 2000

Pages 4, 8, 11, 12, 16, 19, 25, 29, 43, 55, 63, 66/67, 75, 98, 115, 123 : détails: ph © Archives Hatier

Iconographie: Hatier Illustration, avec la collaboration d'Edith Garraud
Principe de maquette et de couverture: Tout pour plaire
Mise en page: ALINÉA

Imprimé en France, par l'Imprimerie Hérissey - 27000 Évreux
Dépôt légal : 51848 - juin 2006
N° d'impression : 102083